Ullstein Theater Texte

Ullstein Buch Nr. 44985
im Verlag Ullstein GmbH,
Frankfurt/M – Berlin

Text der Centenar-Ausgabe

Umschlagentwurf:
Kurt Weidemann
© 1966 by Verlag Ullstein GmbH,
Frankfurt/M – Berlin
Alle Rechte, insbesondere der
Bühnenaufführung, der Rundfunk-
und Televisionssendung und
Wiedergabe, der Verfilmung und
der mechanischen Reproduktion,
sowie evtl. künftig noch
entstehenden Rechte, vorbehalten.
Diese Rechte sind ausschließlich
zu erwerben von dem Verlag
Felix Bloch Erben, Berlin 12,
Hardenbergstraße 6
Printed in Germany 1993
Gesamtherstellung:
Ebner Ulm
ISBN 3 548 44985 9

6. Auflage März 1993
Gedruckt auf Papier
mit chlorfrei
gebleichtem Zellstoff

Ullstein Theater Texte

Weitere Bände dieser Reihe:

Das dramatische Werk
8 Bände in Kassette (4751)
Hauptmann, Der Biberpelz (44975)
Hauptmann, Fuhrmann Henschel
(44976)
Hauptmann, Die Ratten (44977)
Hauptmann, Rose Bernd (44978)
Hauptmann, Vor Sonnenaufgang
(44979)
Hauptmann, Vor Sonnenuntergang
(4980)
Hauptmann, Der rote Hahn (4981)
Hauptmann, Die Tochter der
Kathedrale (4982)
Hauptmann, Gabriel Schillings
Flucht (4983)
Hauptmann, Winterballade (4984)

Hans Schwab-Felisch: Gerhart
Hauptmann, Die Weber
[Vollständiger Text des Schauspiels,
Dokumentation] (22901)

Die Deutsche Bibliothek –
CIP-Einheitsaufnahme

Hauptmann, Gerhart:

Einsame Menschen: Drama /
Gerhart Hauptmann. – Text der
Centenar-Ausg., 6. Aufl. –
Frankfurt/M; Berlin: Ullstein, 1993
    (Ullstein-Buch; Nr. 44985:
    Ullstein-Theater-Texte)
    ISBN 3-548-44985-9
NE: GT

Gerhart Hauptmann

Einsame Menschen

Drama

Ullstein Theater Texte

EINSAME MENSCHEN

Drama

DRAMATIS PERSONAE

VOCKERAT 60s
FRAU VOCKERAT 50s
JOHANNES VOCKERAT 28
KÄTHE VOCKERAT 22
BRAUN 26
ANNA MAHR 24
PASTOR KOLLIN 73
FRAU LEHMANN
AMME
HAUSMÄDCHEN
HÖKERFRAU
WAGENSCHIEBER VON DER BAHN

Die Vorgänge dieser Dichtung geschehen in einem Landhause zu Friedrichshagen bei Berlin, dessen Garten an den Müggelsee stößt. In allen fünf Akten bleibt der Schauplatz derselbe: ein saalartiges Zimmer — Wohn- und Speiseraum —, gutbürgerlich eingerichtet. Ein Pianino ist da, ein Bücherschrank; um ihn gruppiert Bildnisse — Photographie und Holzschnitt — moderner Gelehrter (auch Theologen), unter ihnen Darwin und Haeckel. Über dem Pianino Ölbild: ein Pastor im Ornat. Sonst an der Wand mehrere biblische Bilder nach Schnorr von Carolsfeld. Links eine, rechts zwei Türen. Die Tür links führt ins Studierzimmer Johannes Vockerats. Die Türen rechts ins Schlafzimmer und auf den Flur. Der Raum hat eine mäßige Tiefe. Zwei Bogenfenster und eine Glastür der Hinterwand gestatten den Blick auf eine Veranda und einen Ausblick über den Garten, auf den See und die Müggelberge jenseits. Zeit: Gegenwart.

ERSTER AKT

*Das Zimmer ist leer. Durch die nur angelegte Tür des Studier-
zimmers vernimmt man eine predigende Pastorenstimme, und
als diese nach wenigen Sekunden verstummt, die Töne eines auf
einem Harmonium gespielten Chorals. Während der ersten
Takte wird die Tür vollends geöffnet, und es erscheinen: Frau
Vockerat sen., Frau Käthe Vockerat und die Amme mit einem
Kinde im Steckkissen, alle festlich geschmückt.*

FRAU VOCKERAT, *sie ist eine Matrone in den fünfziger Jahren.
Schwarzes Seidenkleid. Wellenscheitel. Nimmt und tätschelt
Käthes Hand.* Er hat doch sehr schön gesprochen! Nicht,
Käthchen? *Frau Käthe, zweiundzwanzig Jahr alt. Mittelgroß, zart gebaut, bleich, brünett, sanft. Späteres Rekonvales-
zentenstadium. — Sie lächelt gezwungen, nickt mechanisch
und wendet sich dem Kinde zu.*

DIE AMME. Der kleene, liebe Kerl! Hä-hä! *Sie wiegt ihn im
Arm.* Nun is er aber an't Einschlafen — ksss, ksss, ksss! —
Nu will er nich mehr von wissen. *Sie beseitigt ein dem Kinde
unbequemes Schleifenband.* So, so! — hm, hm, hm! Schlaf,
du mein Putteken, schlaf. *Sie singt mit geschlossenen Lippen
die Melodie von »Schlaf, Kindchen, schlaf«.* Aber den Pastor
hat er anjetrotzt —: so! *Sie ahmt es nach.* Hä-hä! bis det
Wasser kam, hä-hä! det war'n aber doch zu bunt. *Sie
dudelt.* Vaterken mit's Röhreken, hau mir nich zu sehreken!
— hä-hä! denn schrie er aber los, au weh! su, su, su! Schlaf,
Kindchen, schlaf... *Sie tritt mit dem Fuße den Takt.*

FRAU KÄTHE. *Herzliches, aber nervöses Lachen.*

FRAU VOCKERAT. Ach, sieh bloß, Käthchen! wie niedlich!
Was nur der Junge für lange Wimpern hat!

 eydashes

DIE AMME. Hä-hä! det sin Maman ihre. Schlaf, Kindchen...
Reene Troddeln sind det.

FRAU VOCKERAT. Nein wirklich, Käthchen: die ganze Mutter!
Frau Käthe schüttelt energisch abwehrend den Kopf. Wirklich.

FRAU KÄTHE, *mit Zwang redend.* Ach Mamachen — das
wünsche ich mir gar nicht. Mir — soll er gar nicht ähnlich
werden. Mir — *Sie kommt nicht weiter.*

FRAU VOCKERAT *sucht abzuleiten.* Ein kräftiges Kind.

DIE AMME. 'n Staatskerl.

FRAU VOCKERAT. Sieh nur, Käthe, diese Fäuste.

DIE AMME. Fäuste hat der — wie'n Goliath. *Frau Käthe küßt das Kind.*

FRAU VOCKERAT. Gelt? ein solides Brustkästchen?

DIE AMME. Det könn Se jlooben, Frau Oberamtmann, wie so'n General. Ksss, ksss! Der nimmt et mal mit fünfen uff.

FRAU VOCKERAT. Na wissen Sie... *Sie und Frau Käthe lachen.*

DIE AMME. Der hat jesundes Blut, ksss, ksss! Die Kinder leben ja vom Blute, ksss, ksss! *Halb singend.* So, so, so! Nu komm, nu komm! — nu wolln — wir — in — die — Nauni gehn — in — die — Nauni. Ja, ja! wir — gehn — jetzt — in die Nau—ni, ksss, ksss, ksss! Schlaf, Kindchen... *Ab ins Schlafzimmer.*

FRAU VOCKERAT *hat die Tür hinter der Amme geschlossen, wendet sich, belustigt den Kopf schüttelnd.* Z, z! diese Person! aber recht tüchtig ist sie doch deshalb. Ich freu' mich, Käthchen, daß du's so gut getroffen hast.

FRAU KÄTHE. General — liebes Gottchen! *Sie lacht. Ihr Lachen wird krampfhaft, schließlich mehr Weinen als Lachen.*

FRAU VOCKERAT, *erschrocken.* Du! — Du!! —

FRAU KÄTHE *bezwingt sich.*

FRAU VOCKERAT *hält Käthe umarmt.* Kathinkerle!

FRAU KÄTHE. Mir — ist ja — wirklich nichts.

FRAU VOCKERAT. Jawohl ist dir was. 's is ja weiter kein Wunder, du bist eben noch angegriffen, komm, leg dich paar Minuten.

FRAU KÄTHE. 's is ja — schon wieder gut, Mama.

FRAU VOCKERAT. Aber so streck dich doch nur'n Augenblickchen.

FRAU KÄTHE. Ach, bitte nein — bitte nein! Es muß ja auch gleich gegessen werden.

FRAU VOCKERAT, *am Tisch, wo Wein und Kuchen steht, ein Glas mit Wein füllend.* Da nimm wenigstens'n Schluck. Koste mal! — Es schmeckt süß. *Frau Käthe trinkt.* Das stärkt. Nicht?! — Liebes, gutes Kindchen, was machste mir denn für Geschichten? Na, na! Du mußt dich eben noch schonen, weiter is nichts nötig. Und laß gut sein! — Mach dir weiter keine unnötigen Sorgen! — 's wird alles werden. Jetzt habt ihr den Jungen, nu wird alles anders werden. Johannes wird ruhiger werden...

RAU KÄTHE. Ach, wenn nur, Mama!

FRAU VOCKERAT. Denk doch bloß, wie er sich gefreut hat, als der Junge kam. Und er ist doch überhaupt der reine

→ *Käthe has child but v. unhappy with marriage*

→ K. is named to H+F. Vockerat's son, Johannes

Kindernarr. Verlaß dich drauf. Das ist immer so. 'ne Ehe ohne Kinder, das ist gar nichts. Das ist nichts Ganzes und nichts Halbes. Was hab' ich bloß den lieben Herrgott gebeten, er soll eure Ehe mit einem Kinde segnen. Sieh mal, wie war's denn bei uns: erst haben wir uns hingeschleppt, vier Jahre — ich und mein Mann — das war gar kein Leben. Dann erhörte der liebe Gott unsre Bitten und schenkte uns den Johannes. Da fing unser Leben erst an, Käthchen! Wart nur erst, wenn erst das dumme Vierteljahr wird vorüber sein, was du für Spaß haben wirst an dem Kinde! Nein, nein! Du kannst ganz zufrieden sein. Du hast deinen Jungen, du hast deinen Mann, der dich liebhat. Ihr könnt ohne Sorgen leben. Was willst du denn mehr?

FRAU KÄTHE. Es is ja auch vielleicht Unsinn. Ich seh's ja ein. Ich mach' mir ja manchmal wirklich unnütze Sorgen.

FRAU VOCKERAT. Sieh mal! — du mußt mir aber nicht böse sein! —, du würdest viel mehr Frieden finden, Käthchen, viel mehr — wenn... Sieh mal, — wenn ich mal so recht voller Sorgen bin, und ich hab' mich dann so recht inbrünstig ausgebetet, hab' so alles dem lieben Vater im Himmel ans Herz gelegt, da wird mir so leicht, so fröhlich ums Herz...! Nein, nein! und da mögen meinetwegen die Gelehrten sagen, was sie wollen —: es gibt einen Gott, Käthchen! — einen treuen Vater im Himmel, das kannst du mir glauben. Ein Mann ohne Frömmigkeit, das ist schon schlimm genug. Aber eine Frau, die nicht fromm ist... Sei mir nicht böse, Käthchen! Schon gut, schon gut. Ich rede ja nicht mehr davon. Ich bete ja so viel. Ich bitte Gott ja täglich. Er erhört meine Bitten schon noch, ich weiß es. Ihr seid ja so gute Menschen. Der liebe Gott wird euch auch noch zu frommen Menschen machen. *Sie küßt ihre Tochter. Der Choral ist zu Ende.* Ach, ich verplaudre mich.

FRAU KÄTHE. Wenn ich doch schon besser fortkönnte, Mamachen. 's is mir schrecklich, so immer nur zuzusehen, wie du dich abmühst.

FRAU VOCKERAT, *in der Flurtür.* I, das wär' der Rede wert. Das sind ja Ferien hier bei euch. Wenn du ganz gesund sein wirst, lass' ich mich von dir bedienen. *Ab.*

Frau Käthe will ins Schlafzimmer. Bevor sie noch hinausgeht, kommt Braun aus dem Taufzimmer. Braun, sechsundzwanzig Jahr alt. Gesicht bleich. Müder Ausdruck. Umränderte Augen. Flaumiges Schnurrbärtchen. Kopf fast kahl-

geschoren. Kleidung modern, nahezu schäbig-gentil. Braun ist
phlegmatisch, meist unbefriedigt, deshalb übelgelaunt.

BRAUN. So! *Während er steht und seinem Etui eine Zigarette*
entnimmt. Der Schmerz — wäre überstanden!

FRAU KÄTHE. Na, sehen Sie, Herr Braun, Sie haben's ganz
gut ausgehalten!

BRAUN, *im Anrauchen.* Ich hätte lieber — m a l e n sollen. —
Sünde und Schande — solches Wetter um die Ohren zu
schlagen.

FRAU KÄTHE. Sie bringen's schon wieder ein.

BRAUN. Äh! wir sind alle durch die Bank Schlappiers! *Er*
läßt sich am Tische nieder. Übrigens, so'ne Taufe hat doch
was!

FRAU KÄTHE. Haben Sie Johannes beobachtet?

BRAUN, *schnell.* Auffallend unruhig war er?! — Ich dachte
immer, 's würde was geben. Ich hatte schon Angst, er
würde dem Pastor in die Rede fallen. Ein Stuß war das
aber auch, nicht zum Glauben.

FRAU KÄTHE. Aber nein, Herr Braun!

BRAUN. Das ist doch klar, Frau Käthe! — Ich bin ja sonst
ganz zufrieden. Vielleicht mal' ich sogar mal so was. Riesig
feine Sache.

FRAU KÄTHE. Machen Sie Ernst, Herr Braun?

BRAUN. Wenn ich das male, da muß einem aus dem Bilde so'n
erinnerungsschwerer Duft entgegenschlagen. So'n Gemisch,
wissen Sie, von Weißwein — Kuchen — Schnupftabak und
Wachskerzen, so'n... So angenehm schwummrig muß ein
zumute werden, so jugenddußlig, so...

Johannes Vockerat kommt aus dem Taufzimmer. Achtund-
zwanzigjährig. Mittelgroß, blond, geistvolles Gesicht. Reges
Mienenspiel. Er ist voller Unruhe in seinen Bewegungen.
Kleidung tadellos: Frack, weiße Halsbinde und Handschuhe.

JOHANNES *seufzt, zieht die Handschuhe ab.*

BRAUN. Na, bist de nu gerührt wie Apfelmus?

JOHANNES. Kann ich gerade nicht behaupten. Wie steht's
mit dem Essen, Käthchen?

FRAU KÄTHE, *unsicher.* Draußen auf der Veranda, dacht' ich.

JOHANNES. Wie denn? Ist gedeckt draußen?

FRAU KÄTHE, *zaghaft.* Ist dir's nicht recht? Ich dachte...

JOHANNES. Käthel, nicht so zimmtig tun! Ich fress' dich
nicht auf. — Das is mir wirklich schrecklich.

KÄTHE, *gezwungen fest.* Ich hab' draußen decken lassen.

JOHANNES. Na, ja! Natürlich! — Es is ja sehr gut so. — Als
ob ich'n Menschenfresser wäre!

BRAUN *brummt*. Äh! Schnauz nicht so!

JOHANNES, *Käthe umarmend, gutmütig*. 's is wirklich wahr,
Käthe. Du tust immer so, als ob ich so'n richtiger Haus-
tyrann wäre. So'n zweiter Onkel Otto oder so was. Das
mußt du dir wirklich abgewöhnen.

FRAU KÄTHE. Dir ist's doch manchmal nicht recht, Johannes…

JOHANNES, *aufs neue heftig*. Na, wenn auch, das ist doch kein
Unglück. Trumpf mir doch auf! Wehr dich doch! Für
meine Natur kann ich nichts. Laß dich doch nicht unter-
kriegen. Ich wüßte nicht, was mir so zuwider wäre, als
wenn jemand so geduldig ist, so madonnenhaft…

FRAU KÄTHE. Na, reg dich nur nicht unnütz auf, Hannes! Es
is ja nicht der Rede wert.

JOHANNES, *sich überstürzend*. Oh, oh, oh! Nee, da täuschst du
dich gründlich. Ich bin keine Spur von aufgeregt, keine
Ahnung. — Es ist wirklich merkwürdig, wie ich immer
gleich aufgeregt sein soll. *Braun will reden*. Na, schön! —
Ihr wißt's ja besser. Schluß! Reden wir von was anderem…
Ach, ja, ja!!

BRAUN. Mit der Zeit wird's langweilig, das ewige Seufzen und
Seufzen.

JOHANNES *faßt sich an die Brust, verzieht das Gesicht schmerz-
lich*. A…ach!

BRAUN. Na, was denn!

JOHANNES. Gar nichts weiter. — Eben die alte Geschichte.
Stiche in der Brust.

BRAUN. Stich wieder, Hannes.

JOHANNES. Du, das ist wirklich nicht zum Scherzen. A…ach!

FRAU KÄTHE. Ach, Hannes, das darf dich nicht ängstigen.
Das ist nichts Schlimmes.

JOHANNES. Na, wenn man zweimal die Lungenentzündung
gehabt hat.

BRAUN. Das nennt sich nun Offizier der Reserve.

JOHANNES. Was ich mir dafür koofe.

BRAUN. Alter Hypochonder. Kohl nicht! Iß was! Die Predigt
sitzt dir in den Knochen.

JOHANNES. Aufrichtig gestanden, Breo… du sprichst so von
der Taufe… Wie ich zu der Sache stehe, weißt du. Jedenfalls nicht auf dem christlichen Standpunkt. Aber's bleibt
doch immer 'ne Sache, die soundso vielen heilig ist.

BRAUN. Aber mir nicht.

JOHANNES. Das weiß ich. Mir direkt auch nicht. Mir schließlich ebensowenig. Aber du wirst doch noch'n Rest Pietät
für 'ne Feier aufbringen, die noch vor...

BRAUN. Du mit deiner Pietät.

JOHANNES. Hätt'st du nur was davon.

BRAUN. Vor jedem Knüppel, der einem zwischen die Beine
fliegt, möchte man Pietät haben. Gefühlsduselei einfach!

JOHANNES. Du — nimm mir's nicht übel, wenn ich... 'n andermal vertrag' ich's vielleicht besser als gerade heute. *Ab auf
die Veranda, wo man ihn heilgymnastische Übungen machen
sieht. Braun erhebt sich verlegen, lacht unmotiviert.*

FRAU KÄTHE, *am Nähtisch stehend.* Sie haben ihn verletzt,
Herr Braun.

BRAUN, *verlegen lächelnd, dann brüsk.* Kann mir nicht helfen,
ich hasse nun mal alle Halbheit bis in den Tod.

FRAU KÄTHE, *nach einer Pause.* Sie tun ihm unrecht.

BRAUN. Aber wieso denn?

FRAU KÄTHE. Ich weiß nicht... ich kann mich nicht aus-
drücken. Jedenfalls... Hannes ringt ehrlich.

BRAUN. Seit wann ist er denn wieder so schrecklich reizbar,
möchte ich wissen.

FRAU KÄTHE. Seit die Sache mit der Taufe schwebt. Ich war
schon so froh... das hat ihm wieder alle Ruhe genommen.
's is doch nur 'ne Form. Sollte man deshalb den alten Eltern
einen so namenlosen Schmerz... nein — das ging ja gar
nicht. Denken Sie doch mal, so fromme, strenggläubige
Menschen. Das müssen Sie doch zugeben, Herr Braun!

JOHANNES *öffnet die Glastüre und ruft herein.* Kinder, ich bin
etwas gratzig gewesen. Seid fidel! Ich bin's auch. *Ab in den
Garten.*

BRAUN. Schaf. *Pause.*

FRAU KÄTHE. So rührend ist er mir manchmal. *Pause.*
*Der alte Vockerat und Pastor Kollin sehr geräuschvoll aus
dem Taufzimmer. Vockerat ist in den Sechzigen. Grauen
Kopf, roten Bart, Sommersprossen auf Gesicht und Händen.
Stark und breit, zur Korpulenz neigend. Er ist schon ein
wenig gebeugt und geht mit kleinen Schritten. Er fließt über
von Liebe und Freundlichkeit. Heiteres, naives, lebensfrohes
Naturell. Pastor Kollin, dreiundsiebenzigjähriger Greis, trägt
Käppchen und schnupft.*

VOCKERAT, *den Pastor an der Hand hereinführend, mit weicher,*

schwach belegter Stimme redend. Vielen, vielen Dank, Herr
Pastor! Vielen Dank für die Erhebung, tja. Es war mir eine
rechte Seelenstärkung, tja, tja. Da bist du ja, liebes Töch-
terchen. *Geht auf Käthe zu, umarmt und küßt sie herzhaft.*
Nun, meine liebe, liebe Käthe! Glück zu von ganzer Seele!
Kuß. Der liebe Gott hat sich wieder mal in seiner großen
Güte, tja... in seiner unendlichen Güte offenbart. *Kuß.*
Seine Gnade und Güte ist unermeßlich. Er wird nun auch,
tja... er wird nun auch seine Vaterhand über den Schöß-
ling, tja — halten, tja, tja. *Zu Braun.* Erlauben Sie, Herr
Braun, daß ich Ihnen auch die Hand schüttle. *Johannes
kommt herein, Vockerat ihm entgegen.* Nun, da bist du ja
auch, Herzens-Johannes. *Kuß. Starke Umarmung. Fast
lachend vor Rührung.* Ich freu' mich für dich. *Kuß.* Ich
freu' mich wirklich. Ich weiß nicht, wie ich dem lieben Gott
genug danken soll, tja, tja!

PASTOR KOLLIN, *ein wenig zitterig, kurzatmig, drückt feierlich
Frau Käthes Hand.* Nochmals, Gottes reichen Segen!
Drückt Johannes' Hand. Gottes reichen Segen!

VOCKERAT. Und nun, lieber Herr Pastor, dürfen wir Ihnen
mit etwas dienen? Nicht? Oh!

JOHANNES. Ja, Herr Pastor — ein Glas Wein gewiß. Ich hole
eine neue Flasche.

PASTOR KOLLIN. Keine Umstände, hören Sie nur! Keine Umstände.

JOHANNES. Darf ich Ihnen Weißen oder...

PASTOR KOLLIN. Wie Sie wollen, ganz wie Sie wollen. Aber —
hören Sie nur! — Beileibe keine Umstände, wenn ich bitten
darf. *Johannes ab.* Inzwischen will ich... *Er sucht nach
seinen Sachen: Hut, Paletot, langer Umschlagschal am
Kleiderständer neben der Tür.*

VOCKERAT. Sie werden doch nicht schon gehen, Herr Pastor?

PASTOR KOLLIN. I, hören Sie nur! — Meine Predigt, tja. Wer
soll denn morgen meine Predigt halten?

BRAUN *hält des Pastors Paletot zum Anziehen bereit.*

PASTOR KOLLIN, *in die Ärmel fahrend.* Danke — junger Mann!

FRAU KÄTHE. Würden Sie uns nicht die Ehre geben, Herr
Pastor, ein einfaches Mittagbrot...?

PASTOR KOLLIN, *mit Anziehen beschäftigt.* Sehr schön, sehr
schön — liebe Frau Vockerat! Aber...

VOCKERAT. Mein lieber Herr Pastor, das müssen Sie uns wirklich zuliebe tun.

PASTOR KOLLIN, *unsicher.* Aber, hören Sie nur! — Hören Sie nur...

VOCKERAT. Wenn wir Sie alle recht schön bitten?

PASTOR KOLLIN. Und das liebe Gotteswort, hehä? das ich morgen predigen soll? Jawohl, — predigen — hören Sie nur — Gottes Wort — morgen. *Johannes ist wiedergekommen, gießt Wein ein.*

VOCKERAT *nimmt ein Glas, kredenzt es.* Nun zunächst... Das werden Sie uns doch jedenfalls nicht abschlagen wollen.

PASTOR KOLLIN *übernimmt das Glas.* Das nicht — nein — hören Sie nur. Also ja — also auf das Wohl... auf das Wohl des Täuflings! *Es wird angestoßen.* Auf daß er ein echtes und rechtes Kind Gottes bleiben möge!

VOCKERAT, *still.* Das walte Gott.

JOHANNES *bietet dem Pastor Zigarren an.* Sie rauchen doch, Herr Pastor?

PASTOR KOLLIN. Danke, ja! *Nimmt Zigarre, schneidet ab.* Danke! *Nimmt Feuer von Johannes.* Pf, pf! *Er zieht mit großer Anstrengung. Endlich brennt die Zigarre. Sich umschauend.* Schön eingerichtet sind Sie, pf, pf! — sehr geschmackvoll, hören Sie nur! *Er sieht sich um, betrachtet die Bilder erst obenhin, dann genauer. Vor einem Bilde, das den Kampf Jakobs mit dem Engel darstellt.* Ich — lasse dich — nicht, du — pf, pf! — segnest mich denn. *Er brummelt befriedigt.*

FRAU KÄTHE, *ein wenig ängstlich.* Papachen, ich möchte dir vorschlagen... im Garten draußen ist's nämlich so reizend jetzt. Viel wärmer wie im Zimmer. Vielleicht gehst du mit Herrn Pastor... Ich kann ja die Gläser rausbringen lassen.

PASTOR KOLLIN *ist bei den Gelehrtenporträts um den Bücherschrank angelangt.* Eine bunte Gesellschaft! Das sind wohl — pf, pf! — Ihre Lehrer, Herr Doktor? Hören Sie nur!

JOHANNES, *ein wenig verlegen.* Jawohl... das heißt... mit Ausnahme von Darwin natürlich.

PASTOR KOLLIN, *mit den Augen dicht an den Bildern.* Darwin? Darwin? — Ja, so! Darwin! Ach, ja! mhm! Hören Sie nur! *Er buchstabiert.* Ernst — Haeckel. Autogramm sogar! pf, pf! *Nicht ohne Ironie.* Der ist also Ihr Lehrer gewesen?

JOHANNES, *schnell, mit Feuer.* Ja, und ich bin stolz darauf, Herr Pastor.

VOCKERAT. Meine Tochter hat recht, lieber Herr Pastor. Es ist

draußen viel wärmer. Wenn es Ihnen recht ist. Ich nehme
die Gläser und den· Wein.

PASTOR KOLLIN. Jawohl! pf, pf! schön! pf, pf! aber nur, hören
Sie nur — auf paar Minuten, ja! *Während er mit Vockerat
abgeht, pikiert.* Der Mensch, Herr Oberamtmann! der
Mensch ist nämlich, pf, pf! ist nämlich kein Ebenbild Gottes
mehr, hören Sie nur. Der Affe nämlich, pf, pf! wollte sagen,
die Naturwissenschaft hat herausbekommen... *Ab auf die
Veranda, von der beide Herren, lebhaft gestikulierend, in den
Garten hinuntersteigen.*

BRAUN *lacht vor sich hin.*

JOHANNES. Weshalb lachst du denn?

BRAUN. Ich? Weshalb? Ich freue mich.

JOHANNES. Du freust dich?

BRAUN. Ja! soll ich nicht?

JOHANNES. Bitte, bitte! *Er geht umher, seufzt und sagt plötzlich
zu Käthe, die sich entfernen will.* Sag mal, — ich bin wohl
etwas anzüglich gewesen?

FRAU KÄTHE. Bißchen, ja!

JOHANNES, *achselzuckend.* Tja, Kinder! — da kann ich ihnen
nicht helfen. Das vertrag' ich nicht. Es hat alles 'ne Grenze.
Wenn sie mich provozieren wollen...

FRAU KÄTHE. Na, es war ja immerhin zart.

JOHANNES. So.

FRAU KÄTHE. Wer weiß, ob er's überhaupt gemerkt hat.

JOHANNES *geht, kratzt sich in den Haaren.* 's is mir aber doch
unangenehm.

BRAUN. Hast de doch wieder was zu ärgern, Hannes.

JOHANNES, *plötzlich wütend.* Zum Donnerwetter, sie sollen
mich in Frieden lassen! Sie sollen's nicht zu weit treiben,
sonst — wenn mir die Geduld reißt...

BRAUN. Wär' nit schlecht!

JOHANNES, *gegen Braun.* Gesinnungsprotzen seid ihr, weiter
nichts. Was kann mir denn dran liegen, dem alten Manne
die Wahrheit zu sagen, was denn? Siehst du, wenn du mir
so kommst, dann heilst du mich augenblicklich von meinem
Ärger. Da wird mir sofort klar, daß es einfach kindisch ist,
sich über solche Leute irgendwie aufzuregen. Gerade so, als
wenn ich mich darüber aufregen wollte, daß die Kiefer
Nadeln und nicht Blätter hat. Objektiv muß man sein,
lieber Sohn.

BRAUN. In der Wissenschaft vielleicht, aber nicht im Leben.

JOHANNES. Ach Kinder! Der ganze Kram ist mir so verhaßt...
so verhaßt... Ihr könnt euch nicht denken, wie. *Läuft umher.*

BRAUN, *vom Ofen, an dem er gestanden, zum Tisch tretend,
Zigarettenrest in den Aschenbecher legend.* Mir wohl nicht?
Mir auch, oft genug. Aber wenn man deshalb ewig heulen
und flennen sollte, Kreuzmillionenschockschwerenot!

JOHANNES, *verändert, lachend.* Nee, nee, ereifre dich beileibe
nicht! Von ewig heulen und flennen ist gar nicht die Rede.
Wenn man auch mal'n bißchen seufzt. Das ist'n bissel
Lufthunger, weiter nichts. Nee, nee, ich stehe überhaupt
gar nicht so schlecht mit dem Leben, so bankerott wie du
bin ich jedenfalls noch lange nicht.

BRAUN. Kann schon sein.

JOHANNES. Spielst du Charakter auf?

BRAUN. Nicht im geringsten.

JOHANNES. Ach bankerott, bankerott, was heißt überhaupt
bankerott! Du bist ebensowenig bankerott wie ich. Wenn
ich nur lieber dem Alten und dem Pastor die Laune nicht
verdorben hätte!

FRAU KÄTHE, *Johannes umarmend.* Hannes, Hannes! Fidel,
fidel!

JOHANNES. Und meine Arbeit liegt mir auch auf der Seele.
Jetzt hab' ich wieder über vierzehn Tage nichts tun können.

BRAUN. Du bist feig! Du gestehst dir nicht ein, wie miserabel
es ist...

JOHANNES *hat nicht gehört.* Was?

BRAUN. Wenn's regnet, is's naß, wenn's schneit, is's weiß,
wenn's gefriert, is's Eis.

JOHANNES. Schaf!

FRAU KÄTHE. Fidel, Hannes! Denk an Philippchen! Wir
mummeln uns recht gemütlich ein hier im Winter. — Paß
mal auf, wie du da arbeiten wirst.

JOHANNES. Weißt du schon, Breo, das vierte Kapitel ist fertig.

BRAUN, *interesselos.* So?

JOHANNES. Sieh mal: dies Manuskript! Zwölf Seiten Quellen-
angabe allein. Das ist Arbeit! nicht? Ich sag' dir, da werden die Perücken wackeln.

BRAUN. Glaub's schon.

JOHANNES. Sieh mal, zum Beispiel hier. *Er blättert im Manuskript.* Hier greif' ich Du Bois-Reymond an.

BRAUN. Du... wahrhaftig, lies jetzt nicht. Ich bin jetzt in
einer so faulen Stimmung... 'n andermal.

→ J. is writing a book

JOHANNES, *resigniert*. Natürlich! nee, nee! Ich hatte ja gar
nicht die Absicht. Ich...

FRAU KÄTHE. Es wird ja auch gleich gegessen.

JOHANNES. Natürlich! nee, nee! Ich dachte ja auch gar nicht
dran, ich wollte ja nur. — Äh! *Er legt seufzend das Manuskript in den Bücherschrank zurück.*

FRAU KÄTHE. Hannes, fidel, fidel!

JOHANNES. Aber Käthe, ich bin's ja!

FRAU KÄTHE. Nein, du bist's wieder nicht.

JOHANNES. Wenn nur ein Mensch in der weiten Welt etwas
für mich übrig hätte. Es braucht ja nicht viel zu sein. 'n
klein bissel guter Wille. 'n klein bissel Verständnis für
meine Arbeit.

FRAU KÄTHE. Du sollst vernünftig sein. Du sollst dir keine
Schmerzen machen. Du sollst geduldig sein. Die Zeit wird
schon kommen, wo sie einsehen werden...

JOHANNES. Und bis dahin? Glaubst du, daß das leicht ist so
ganz ohne Beistand... Glaubst du, daß man's aushalten
wird so lange?

FRAU KÄTHE. Das glaub' ich. Komm, Hannes, wenn Gedanken einem lästig werden, da muß man machen, daß
man davon loskommt. Komm, sieh dir mal Philippchen an.
Zu niedlich ist der Junge, wenn er schläft. So liegt er immer.
Sie ahmt die Stellung seiner Ärmchen nach. Solche Fäust-
chen macht er immer. Zum Schießen lustig. Komm!

JOHANNES, *zu Braun*. Kommst du mal mit?

BRAUN. Ach nee, Hannes, ich hab' keenen Sinn für kleine
Kinder. Ich geh' 'n bißchen in'n Garten. *Ab über die
Veranda.*

JOHANNES. Sonderbarer Kerl.

FRAU KÄTHE *hat die Schlafzimmertür behutsam geöffnet.* Zu
niedlich, sag' ich dir! — Psch...t, leise! ganz leise... *Beide
ab auf den Zehenspitzen und Hand in Hand.*
*Frau Vockerat und ein Mädchen waren während des Vorher-
gehenden damit beschäftigt, den Tisch auf der Veranda zu
decken. Plötzlich hört man mit großem Geräusch eine Menge
Porzellan auf die Steine fallen und zerschellen. Ein kurzer
Schrei wird ausgestoßen, und das Mädchen kommt bleich durch
das Zimmer — von der Veranda nach dem Flur — gelaufen.
Frau Vockerat erscheint ebenfalls, hinterdreinscheltend.*

FRAU VOCKERAT. Aber nein, Minna! Sie machen's auch wirklich zu bunt. Sie zerkrachen auch wirklich alle Tage was.

Die schöne Mayonnaise! Mädchen ab durch die Flurtür.
Na, bei mir dürfte so was nicht vorkommen. Da sollten die
Mädchen was kennenlernen!

JOHANNES, *durch das Geräusch gelockt, aus dem Schlafzimmer.*
Was ist es denn, Mutterchen? *Er umarmt sie beschwichti-
gend.* Ruhig, ruhig! nur ja nicht ärgern, Mutti.

FRAU KÄTHE, *durch die Türspalte.* Was war denn?

JOHANNES. Nichts! gar nichts. *Frau Käthe zieht den Kopf
zurück.*

FRAU VOCKERAT. Ich danke schön, gar nichts. Für zehn Mark
Geschirr hat se fallen lassen. Gar nichts. Und die ganze
schöne Mayonnaise! nee... *Wehrt Johannes ab.*

JOHANNES. Mutti, Mutti! Essen wir mal keine Mayonnaise.

FRAU VOCKERAT. Nee, nee! Ihr seid viel zu leichtsinnig. Ihr
habt's auch nicht zum Wegwerfen. Ihr seid viel zu nach-
sichtig mit den Mädels. Da wer'n sie bloß übermütig.

JOHANNES. Na, wenn sie immerfort mit den Sachen umgehen...

FRAU VOCKERAT. Ich bin auch kein Tyrann. Ich hab' meine
Mädel sechs, sieben Jahre gehabt. Aber was se zerschlagen,
das müssen sie ersetzen. Freilich, bei euch da kriegen se
Baisertorte und Kaviar, nee, nee! Das sind solche neue
Ideen. Damit laßt mich zufrieden, hört ihr!

JOHANNES, *heiter.* Sei gut, Mutti!

FRAU VOCKERAT. Gut bin ich ja, Junge! *Sie küßt ihn.* Ver-
rückter Struzel du! Ich sag' schon! Du paßt gar nicht für
de Welt.

*Man sieht das Mädchen auf der Veranda trockenwischen und
Scherben zusammenlesen.*

JOHANNES *stutzt.* Ja, Mutter! *Belustigt.* Aber warum machst
du denn immer solche... solche Augen? solche Angstaugen?
solche gespannte?

FRAU VOCKERAT. Ich? Ach, wo denn! was...? Ich wüßte gar
nicht...! Was soll ich denn für Augen machen!

JOHANNES. Sieh mich noch mal an!

FRAU VOCKERAT. Dummer Kerl! *Sieht ihn starr an.*

JOHANNES. So ist's schön.

FRAU VOCKERAT. Dummer Junge! Ich möchte eben, daß du
zufrieden wärst, 'n zufriedener Mensch, Hannes!

JOHANNES. Mutter! das wirst du nie erleben. Die zufriedenen
Menschen, das sind die Drohnen im Bienenstock. Ein mise-
rables Pack.

FRAU VOCKERAT. Was nutzt das alles...

JOHANNES, *ernster, zugleich bewegter*. Der Junge dadrin, der soll mir auch so einer werden, so'n recht Unzufriedener.

FRAU VOCKERAT. Das verhüte Gott, Hannes!

JOHANNES. Der soll überhaupt'n andrer Kerl werden wie ich. Dafür wer' ich sorgen.

FRAU VOCKERAT. Der Mensch denkt, und Gott lenkt. Wir haben unser möglichstes auch getan.

JOHANNES. Na, Mutterchen! So'n ganz Mißratener bin ich schließlich auch gerade nicht.

FRAU VOCKERAT. Nein doch! das sag' ich ja nicht! das will ich ja gar nicht... Aber du sagst doch selber, Philippchen soll anders werden. Und... und... sieh mal: du glaubst doch auch nicht... Du glaubst doch einmal nicht an den lieben Gott. Du hast doch auch wirklich keine Religion. Das muß ein doch Kummer machen.

JOHANNES. Religion, Religion! Ich glaub' allerdings nicht, daß Gott so aussieht wie'n Mensch und so handelt und einen Sohn hat und so weiter.

FRAU VOCKERAT. Aber Johannes, das muß man glauben!

JOHANNES. Nein, Mutter! Man brauch das nicht glauben und kann doch Religion haben. *Ein wenig getragen.* Wer die Natur zu erkennen trachtet, strebt Gott zu erkennen. Gott is Natur! »Was wär' ein Gott, der nur von außen stieße, im Kreis das All am Finger laufen ließe? Ihm ziemt's, die Welt im Innern zu bewegen«, sagt Goethe, Muttel! und der wußte es besser wie sämtliche Pastoren und Superintendenten der Welt. —

FRAU VOCKERAT. Ach, Junge. Wenn ich dich so reden höre... 's is doch jammerschade, daß du nicht Theologe geblieben bist. Ich weiß noch bei deiner Probepredigt, was der Diakonus zu mir sagte...

JOHANNES, *belustigt.* Mutter, Mutter! Vergangne Zeiten! *Die Hausklingel geht.*

FRAU VOCKERAT. Die Haustür — is doch offen. *Macht ein paar Schritte nach der Flurtür. Es wird an die Flurtür gepocht.*

WASCHFRAU LEHMANN, *im blauen, verschlissenen Kattunrock, tritt schüchtern ein.* Juten Tag.

FRAU VOCKERAT *und* JOHANNES, *nicht ganz zu gleicher Zeit.* Guten Tag, Frau Lehmann.

FRAU LEHMANN. Ick wollte man bloß mal nachschaun. Nehm S't nich iebel, Frau Vockerat. Ick such' mein'n Mietsherr such' ick schon 'ne janze Zeit.

Braun is F. Lehmann's landlord

JOHANNES. Jawohl, Frau Lehmann. Herr Braun is hier.

FRAU LEHMANN. Z, z! *Sich umschauend.* Wer's so haben kann!

FRAU VOCKERAT. Wie geht's Ihn'n, Frau Lehmann?

FRAU LEHMANN. Ach, Frau Vockerat. Mir hat et nich jut
jejehn. Ick hab' mein'n Alten mußt fortjagen. 't jing nich
mehr. Ick muß nu halt zusehn, wo ick bleibe mit meine
Fünfe.

FRAU VOCKERAT. Was Sie sagen! Aber...

FRAU LEHMANN, *immer gesprächiger.* Ja sehn Se wohl, Frau
Vockerat, wenn ick nich so schwächlich wär'. Aber ick bin
man zu schwächlich. Un der Ärjer, verstehn Se, der kriecht
d'n Menschen under. Mir kann det keener nich verdenken.
Ick ha zu meinem Alten jesagt: Adolf! sach ick, jeh du
man in Jottes Namen bei deine Brieder, sach'k. Bei deine
Saufbrieder, sach'k, jeh du man! Ick will mir man for
meine fünf Kinder alleene schinden. Sieh du, sach'k, wo du
wat herkriegen dust, und denn jag et dir man immer feste
durch die Jurgel, sach'k. Du hast ja jar keen'n Jeist, sach'k.

misery

Wenn du Jeist haben dätst, sach'k, denn hätt's du deine
Frau un deine Kinder nich in Elend jebracht, sach'k. Sehen

→*Fraul.*
told her
useless
husband
to leave

Se, Frau Vockerat, det hab' ick em jesagt, un det können
Se glooben, et is mir durch und durch jejehn. Wie'n Stachel,
möcht' ick sprechen. Aber wat helft det allens. Uffrichtig,
wenn ick soll die Wahrheet sprechen: 't is jut so! — Nu
denk' ick doch, der liebe Jott wird mir wieder mal vor-
holen mit meine fünf Kinder. *Sie schneuzt sich und wischt
sich die Augen aus.*

FRAU VOCKERAT. Wir müssen nur immer...

FRAU LEHMANN. Ja, ja, det ha'k ooch jesagt. Jeh du nach die
Indianers hin, sach'k. Jeh du man. Wenn man ehrlich is,
sach'k, un arbeeten kann, sach'k, un die paar Pfennige zu-
sammenhält, sach'k, denn kann man schonst noch be-
stehn. Un ehrlich bin ick, Frau Vockerat. Vor mir kann
allens stehn un liegen bleiben. Ooch nich mal so viel, wie
under'n Fingernagel jehn dut...

JOHANNES. Wollten Sie Braun sprechen, Frau Lehmann?

FRAU LEHMANN. I, nee! Det hätt' ick ja wirklich bei en Haar
janz verjessen. 't is a Freilein da, die'n jerne sprechen will.
*Durch die Flurtür steckt Fräulein Mahr den Kopf herein,
fährt sogleich zurück. Johannes hat es bemerkt.*

JOHANNES. Bitte sehr... bitte sehr, näher zu treten. *Zu den
Frauen, die nichts bemerkt haben.* Das Fräulein. Es war das

Fräulein. *Zu Frau Lehmann.* Sie hätten sie hereinführen sollen. *Er öffnet die Flurtür.* Bitte, gnädiges Fräulein! Sie wollen meinen Freund Braun sprechen. Haben Sie die Güte, näher zu treten.

Fräulein Anna Mahr ist vierundzwanzig Jahr alt, mittelgroß, mit kleinem Kopf, dunklem, schlichtem Haar, feinen, nervösen Zügen. In ihren ungezwungenen Bewegungen ist Grazie und Kraft. Eine gewisse Sicherheit im Auftreten, eine gewisse Lebhaftigkeit andrerseits ist durch Bescheidenheit und Takt derart gemildert, daß sie niemals das Weibliche der Erscheinung zerstört. Anna ist schwarz gekleidet.

FRÄULEIN ANNA *kommt herein.* Ach, ich muß recht sehr um Verzeihung bitten. Es ist mir äußerst peinlich, Sie zu stören.

JOHANNES. Aber bitte sehr! bitte sehr!

FRÄULEIN ANNA. Frau Lehmann kam nicht wieder — und da wollte ich ihr nur sagen — daß es ja... daß ich ja Herrn Braun ein andermal treffen könnte.

JOHANNES. Aber bitte recht sehr! — Ich will Braun sogleich rufen. Nehmen Sie doch Platz, bitte!

FRÄULEIN ANNA. Ich danke sehr! *Bleibt stehen.* Aber wirklich! es ist mir recht peinlich, es...

JOHANNES. Aber ich bitte Sie, gnädiges Fräulein! Ich hole Braun im Augenblick.

FRÄULEIN ANNA. Aber Sie machen sich Mühe, ich...

JOHANNES. Nicht im geringsten, Fräulein. — Um Verzeihung einen Augenblick. *Ab über die Veranda. Kleine Verlegenheitspause.*

FRAU LEHMANN. Na, nu will ick mir man wieder kleenemachen. *Zu Fräulein Anna.* Zerück wär'n Se ja woll alleene finden.

FRÄULEIN ANNA. Ich danke Ihnen sehr für die Begleitung. Darf ich Ihnen eine Kleinigkeit... *Gibt ihr Geld.*

FRAU LEHMANN. Dank' scheen, dank' scheen! *Zu Frau Vockerat.* Det's mei Handjeld heite, Frau Vockerat. Wahrhaft'jen Jott! Nee nee, leicht is et nich, aber lieberscht, sach'k, doch's Fell janz un jar verkoofen, als wie mit so'n Saufaus, sach'k, so'n... Un wenn man nur an'n lieben Jott festhält. Der liebe Jott hat mir noch niemals in Stich jelassen. *Türklinke in der Hand.* Nu will ick man jleich beim Krämer hin. Wat zu holen for meine fünf Wirmer. *Ab.*

(handwritten: → tells Frau L to get scraps from kitchen – mean)

FRAU VOCKERAT *ruft ihr nach.* Gehen Sie mal in die Küche! 's gibt Abfälle. — *Sie bringt einen Stuhl neben den für Fräulein Mahr hingesetzten und läßt sich darauf nieder.* Bitte, Fräulein! wollen Sie nicht inzwischen Platz nehmen?

FRÄULEIN ANNA, *zögernd sich niederlassend.* Ich bin gar nicht müde, ich...

FRAU VOCKERAT. Kennen Sie die hiesige Gegend?

FRÄULEIN ANNA. Nein! — Ich stamme aus den russischen Ostseeprovinzen, ich... *Verlegenheitspause.*

FRAU VOCKERAT. Die hiesige Gegend ist sehr sandig. Ich bin nicht gern hier. Ich bin aus der Umgegend von Breslau. Und alles so teuer hier, Sie können sich keinen Begriff machen. Mein Mann ist Rittergutspächter. Da geht's ja noch, da können wir den Kindern manchmal was schicken. Haben Sie den See gesehen? Das ist wirklich hübsch. Der See ist wirklich hübsch, das muß man sagen. Wir haben's recht bequem. Wir liegen direkt am Ufer. Zwei Kähne haben wir auch unten im Garten. Aber ich hab's nicht gern, wenn die Kinder Kahn fahren. Ich bin zu ängstlich. — Sie wohnen jetzt in Berlin, wenn ich fragen darf?

FRÄULEIN ANNA. Ja. — Ich bin zum erstenmal da. Ich wollte mir einmal Berlin ordentlich ansehen.

FRAU VOCKERAT. O ja! Berlin is sehenswert. — Aber so geräuschvoll.

FRÄULEIN ANNA. Oh, ja! geräuschvoll ist es. Besonders wenn man an kleine Städte gewöhnt ist.

FRAU VOCKERAT. Sie kommen — woher, wenn...?

FRÄULEIN ANNA. Ich komme aus Reval und gehe nach Zürich zurück. Ich bin die letzten vier Jahre in Zürich gewesen.

FRAU VOCKERAT. Ach ja! die schöne Schweiz! — Sie haben gewiß Verwandte in Zürich.

FRÄULEIN ANNA. Nein — ich studiere.

FRAU VOCKERAT. Sie... an der Universität?

FRÄULEIN ANNA. An der Universität.

FRAU VOCKERAT. Das is wohl nicht möglich! Also Studentin sind Sie?! Was Sie sagen! Das ist ja höchst interessant! — Also wirklich Studentin?

FRÄULEIN ANNA. Allerdings, gnäd'ge Frau!

FRAU VOCKERAT. Aber sagen Se bloß! Das viele Lernen, gefällt Ihnen denn das?

FRÄULEIN ANNA, *belustigt.* Oh, ja! ganz gut — bis zu einem gewissen Grade.

(handwritten: → Anna is student in Switzerland – Frau V. shocked at this)

FRAU VOCKERAT. Ist's die Möglichkeit!

Johannes und Braun werden auf der Veranda sichtbar. Die Damen bemerken ihr Kommen und erheben sich.

FRÄULEIN ANNA. Ich bedaure aufrichtig, gnädige Frau, Sie gestört zu haben.

FRAU VOCKERAT. Bitte, liebes Fräulein! Es hat mich wirklich gefreut, einmal eine richtige Studentin von Angesicht zu Angesicht zu sehn. Unsereins bildet sich mitunter so dumme Vorstellungen. Sie sind verwandt mit Herrn Braun?

FRÄULEIN ANNA. Nein — in Paris haben wir uns kennengelernt, auf der Ausstellung.

FRAU VOCKERAT *gibt ihr die Hand.* Leben Sie wohl! Es hat mich wirklich gefreut...

FRÄULEIN ANNA. Und bitte... bitte nochmals um Entschuldigung. *Frau Vockerat mit Verbeugung ab durch die Flurtür. Johannes und Braun hatten einen Augenblick auf der Veranda beraten. Infolge der Beratung hat sich Johannes auf der Veranda niedergelassen, während Braun nun hereinkommt.*

BRAUN, *erstaunt.* Fräulein Mahr! Sie?!

FRÄULEIN ANNA. Ja — aber ich hoffe, Sie halten mich nicht für so taktlos... Ihre Wirtin, Ihre originelle Frau Lehmann ist schuld daran, daß ich Sie bis hierher...

BRAUN. Heiliger Bimbam!

FRÄULEIN ANNA. Lebt der immer noch, der heilige Bimbam?

BRAUN. Das hätt' ich mir aber wirklich nicht im Traume einfallen lassen. Das ist ja wirklich vorzüglich.

FRÄULEIN ANNA. Also immer noch vorzüglich. Bei Ihnen ist alles immer noch vorzüglich. Sie haben sich auch gar nicht verändert, wirklich!

BRAUN. Meinen Sie? Aber legen Sie doch ab, Fräulein.

FRÄULEIN ANNA. Nein, nein! — Wo denken Sie hin? Ich wollte nur mal sehn, was Sie machen. *Schalkhaft.* Nach Ihrem großen Gemälde wollte ich mich hauptsächlich erkundigen. Kann man schon bewundern?

BRAUN. Kein Schatten, keine Idee, nicht mal die Leinewand dazu, Fräulein Mahr!

FRÄULEIN ANNA. Das ist bös, das ist wirklich sehr bös. Und Sie haben mir's so fest versprochen.

BRAUN. Der Mensch denkt, und der Kutscher lenkt. Aber nochmals, legen Sie ab.

→ B + A met in Paris

FRÄULEIN ANNA. Ich habe Sie nun gesehen, Herr Braun, und
    hoffentlich...

BRAUN. Nein, nein, Sie müssen hierbleiben.

FRÄULEIN ANNA. Hier?

BRAUN. Ach so? Sie wissen wohl nicht, wo wir sind? Bei
    Johannes Vockerat. Na, Sie kennen ihn ja wohl zu Ge-
    nüge aus meinen Erzählungen. Es ist übrigens Taufe heut.
    Sie kommen gerade zur rechten Zeit.

FRÄULEIN ANNA. Ach nein, nein! Das geht ja gar nicht. Ich
    hab' überhaupt noch heut mehrere Wege in der Stadt zu
    machen.

BRAUN. Die Geschäfte sind alle geschlossen.

FRÄULEIN ANNA. Das tut nichts, ich hab' nur Bekannte zu
    besuchen. Aber glauben Sie nur deshalb nicht, daß Sie
    mich los sind. Wir müssen uns noch mal auf länger spre-
    chen. Ich muß Ihnen noch den Text lesen, Sie Wortbrüchi-
    ger. Sie scheinen mir immer noch so ein Kopfmaler...

BRAUN. Erst muß man sich geistig klar sein. Die Pinselei
    kommt noch lange zurecht.

FRÄULEIN ANNA. Na, wer weiß!

BRAUN. Aber fort dürfen Sie jetzt nicht, hören Sie!

FRÄULEIN ANNA. Ach bitte, Herr Braun, lassen Sie mich
    ruhig...

BRAUN *ruft.* Hannes!! Hannes!!!

FRÄULEIN ANNA. Ich bitte Sie.

    Johannes kommt, errötet.

BRAUN. Erlauben Sie! Mein Freund Johannes Vockerat —
    Fräulein Anna Mahr.

FRÄULEIN MAHR *und* JOHANNES, *zu gleicher Zeit.* Ich habe
    schon so viel von Ihnen gehört.

BRAUN. Denk dir, Hannes: das Fräulein will schon wieder fort.

JOHANNES. Das würde meiner Frau und uns allen sehr leid
    tun. Wollen Sie uns nicht den Nachmittag schenken?

FRÄULEIN ANNA. Ich weiß wirklich nicht... Aber wenn Sie
    mir sagen, daß ich nicht lästig falle — dann bleibe ich gern.

JOHANNES. Aber durchaus in keiner Weise. *Er hilft ihr ein
    Jäckchen ausziehen, gibt es Braun.* Häng mal das auf, bitte!
    Ich möchte nur schnell meiner Frau sagen... *In der Schlaf-
    stubentür, ruft hinein.* Käthe! *Ab ins Schlafzimmer.*

FRÄULEIN ANNA *ordnet vor dem Spiegel ihre Kleidung.* Ihr
    Freund ist sehr liebenswürdig.

BRAUN. Ein bißchen zu sehr vielleicht.

→ A wants to leave — embarassed — but
    B. insists she stays

FRÄULEIN ANNA. Ach, wieso?

BRAUN. Ich scherze ja nur. 'n grundguter Kerl is er. Nur wenn er auf seine Arbeit kommt, da wird er unverdaulich. Passen Sie auf, wenn Sie den Nachmittag hierbleiben, liest er Ihnen unfehlbar seine Arbeit vor.

FRÄULEIN ANNA. Was ist's denn für 'ne Arbeit?

BRAUN. Mir zu gelehrt. Philosophisch-kritisch-psychophysio-logisch — was weiß ich?!

FRÄULEIN ANNA. Das interessiert mich. Bin ja selbst »der Philosophie beflissen« — so sagt man ja wohl.

BRAUN. Na, Fräulein! da kommen Sie nicht so bald fort. Wenn Sie für seine Arbeit sich interessieren, das freut ihn ja namenlos.

JOHANNES, *aus dem Schlafzimmer kommend.* Braun!

BRAUN. Und?

JOHANNES. Geh doch mal zu Käthe hinein. Beruhige sie biß-chen. Ein Rippchen stünde zu weit raus beim Jungen.

BRAUN. Ach was!

JOHANNES. 's hat gar keine Bedeutung; aber geh nur! Sie macht sich unnütz Sorgen.

BRAUN. Schön, schön! Geh' schon. *Ab ins Schlafzimmer.*

JOHANNES. Meine Frau läßt sich entschuldigen, Fräulein! Sie kommt in einigen Minuten. Sie hat mir aufgetragen, Ihnen inzwischen unsern Garten 'n bißchen zu zeigen. Wenn's Ihnen also gefällig ist.

FRÄULEIN ANNA. Oh, sehr gern!

JOHANNES, *lächelnd.* Wir haben nämlich ein recht schönes Grundstück — das heißt nur gemietet. Das Wundervolle daran ist der See. Kennen Sie den Müggelsee? *Er übergibt ihr den En-tout-cas. Beide im Gespräch auf die Tür der Veranda zu.* Ich hasse nämlich die Stadt. Mein Ideal ist ein weiter Park mit einer hohen Mauer ringsherum. Da kann man so ganz ungestört seinen Zielen leben.

FRÄULEIN ANNA. Epikur.

JOHANNES. Ganz recht, ja! Aber ich versichere Sie: ich habe keine andere Möglichkeit... Wird Ihnen nicht zu kühl sein?

FRÄULEIN ANNA. Oh, nein! Ich bin abgehärtet. *Johannes läßt Anna vorangehen und folgt ihr auf die Veranda. Hier ver-weilen beide einige Sekunden. Man sieht, wie Johannes der Fremden die Aussicht aufweist und erklärt. Endlich ver-schwinden beide in den Garten.*

Braun kommt, gefolgt von Frau Käthe, aus dem Schlafzimmer.

BRAUN, *sich umsehend*. Sie sind fort.

FRAU KÄTHE. So?!

BRAUN. Nein, nein! das mit der Rippe ist was ganz Natürliches.

FRAU KÄTHE. Mir is wirklich ordentlich beklommen zumute.

BRAUN. Beklommen? Weshalb?

FRAU KÄTHE, *lächelnd*. Ich hab' direkt Herzklopfen.

BRAUN. Sie sind eben noch nervös.

FRAU KÄTHE. Ist sie sehr stolz?

BRAUN. Wer?

FRAU KÄTHE. Das Fräulein mein' ich.

BRAUN. Die Mahr? Stolz? — Keine Spur.

FRAU KÄTHE. Na, ich seh' nicht ein! Ich würde mir was einbilden, wenn ich...

BRAUN. Keine Spur! Nein, nein! Da unterschätzen Sie sie wirklich.

FRAU KÄTHE. Im Gegenteil! — Ich habe einen furchtbaren Respekt vor ihr.

BRAUN. I, na!... Übrigens, bißchen arrogant ist sie schon manchmal. Das gewöhnt man ihr ab, einfach. *Pause.*

FRAU KÄTHE. Da hat Hannes einen Bogen liegen lassen vom Manuskript. Versteht sie davon was?

BRAUN. Das glaub' ich schon.

FRAU KÄTHE. So? Ach! — Unsereiner spielt doch solchen gebildeten Wesen gegenüber eine etwas armselige Rolle.

BRAUN. A — ach! — Ich weiß auch nicht viel. Ich hab' auch nicht studiert. Aber das kann mir weiter nicht imponieren, das bißchen Schulwissen, was einer hat.

FRAU KÄTHE. Sie spricht wohl sehr glänzend?

BRAUN. Glänzend? Nee. — Sie spricht halt so... wie wir alle sprechen. Ganz gescheit ist sie — na ja! — aber deshalb —

FRAU KÄTHE, *lächelnd*. In meiner Mädchenzeit hatte ich eine reine Klabatschker. Das ging den ganzen geschlagenen Tag über nichts und wieder nichts. Das habe ich mir nun doch wenigstens abgewöhnt. Aber jetzt wag' ich mir wieder gar nichts mehr. Jetzt fürcht' ich mich überhaupt, 'n Wort zu sprechen. *An der Verandatür, ruft hinaus.* Muttchen! rechne auf einen mehr!

FRAU VOCKERAT, *von der Verandatür aus, wo sie eben wieder den Tisch ordnet.* Wer kommt denn?

FRAU KÄTHE. Das Fräulein.

FRAU VOCKERAT. Wer? — Ach so! — Schön! — Gut, Käthe.

→ K. is nervous about meeting A.

FRAU KÄTHE, *wieder zu Braun, seufzend.* Ach! man ist eben verpfuscht! Man müht sich ja. — Was nutzt das! 's is doch zu spät! *Vor einem Rosenstrauß.* Sehn Sie mal: das sieht recht schön aus. Noch Rosen! *Hält sie Braun zum Riechen hin.* Und wie stark sie noch duften!

BRAUN. Wundervoll!

FRAU KÄTHE *stellt den Strauß an seinen Ort.* Ist sie jung?

BRAUN. Wer?

FRAU KÄTHE. Fräulein Mahr.

BRAUN. Ich weiß nicht mal, wie alt sie ist.

FRAU KÄTHE. Ich bin schon zweiundzwanzig. Ja, ja! 's geht abwärts!

BRAUN. Stark abwärts. *Er lacht.*

FRAU KÄTHE. Ach! eine beschränkte Seele bin ich doch!
Frau Vockerat steckt den Kopf durch die Tür.

FRAU VOCKERAT. Kinder! Ich bin so weit! *Zieht den Kopf zurück. Ruft draußen von der Veranda in den Garten.* Papa!! Papa!!
Herr Vockerat und der Pastor, beide in sehr vergnügter Laune, steigen die Verandatreppen herauf.

VOCKERAT, *an der offenen Tür, mit dem Paletot des Pastors.* Na ja! Wollen Sie dann gefälligst eintreten und ablegen. Hahaha! *Lacht herzlich.*

PASTOR KOLLIN, *mit Hut, Schal und Stock in den Händen — zwischen Lachen und Zigarrenrauchen.* Hahaha! zu drollig wirklich, hören Sie nur! Pf, pf — zu drollig. *Lacht.*

VOCKERAT. Und die Geschichte soll wirklich passiert sein, Herr Pastor! *Er bringt den Überzieher nach.*

PASTOR KOLLIN. »Herr Neugebauer«, — *lacht* — pf, pf! »Herr Neugebauer, wünschen Sie vielleicht noch was?« *Lacht. Hängt Schal und Hut auf, behält das Käppchen auf dem Kopf.*

VOCKERAT, *mitlachend.* — »Herr Neugebauer…« *Zu Braun.* 's war nämlich 'n Begräbnis auf dem Lande bei uns, Herr Braun. Und da stehn nun die Leidtragenden um den Sarg, wissen Sie, — *den Schreck markierend, schnell* — auf einmal rührt sich was. 's mochte einer mit dem Stuhl gerückt haben oder so — 's rührt sich was. *Er stellt das Entsetzen dar.* Alle fahren zusammen. — Nur der Kirchendiener, hahaha! der faßt sich 'n Herz, der is couragiert. Der geht nu ganz vorsichtig zum Sarge hin, hahaha, und klopft an. *Die Stimme des Kirchendieners nachahmend, mit Knöchel auf die Tischplatte klopfend.* »Herr Neigebauer! — Herr Neigebauer! winschen Sie vielleicht noch was?« — *Wiederholtes lebhaftes Lachen.*

PASTOR KOLLIN, *lachend.* Hören Sie nur! Pf, pf! das ist echt! Ich kenne die Kirchendiener.

FRAU VOCKERAT *kommt herein.* Na, Papachen, bitte! daß die Suppe nicht kalt wird.

VOCKERAT. Also, Herr Pastor, ich bitte sehr.

PASTOR KOLLIN. Sie haben mich übertölpelt, hören Sie nur! *Er wirft den Zigarrenrest in den Aschbecher und bietet Frau Vockerat den Arm.* Frau Vockerat!

VOCKERAT, *im Begriff, seiner Schwiegertochter den Arm zu geben.* Aber wo ist denn Johannes?

FRAU VOCKERAT. Und das Fräulein? — Nein, das ist aber nicht hübsch von Johannes. Das ganze schöne Essen wird ja...

VOCKERAT, *lustig.* Da sehen Sie, Herr Pastor: »Zwischen Lipp und Becherrand...«, hahaha!

PASTOR KOLLIN. »...schwebt der finstren Mächte Hand«, ha-haha!

VOCKERAT. Das war wohl die Dame. Wir sahen ein Pärchen auf dem See draußen. Nicht wahr, Herr Pastor?

PASTOR KOLLIN. Jawohl, jawohl! Sie werden hinausgerudert sein.

FRAU VOCKERAT. Ach, ich denke, wir fangen an!

VOCKERAT. Wer nicht kommt zur rechten Zeit...

BRAUN, *der von der Veranda gespäht hatte, kommt herein.* Sie kommen! Sie kommen!

VOCKERAT. Das war höchste Zeit.

Johannes und Fräulein Anna treten über die Veranda herein.

JOHANNES. Kommen wir zu spät?

VOCKERAT. Gerade noch zurecht.

JOHANNES. Ich bitte um Entschuldigung, wir hatten ... Es war so wundervoll auf dem Wasser... Gestatten Sie! *Vorstellend.* Herr Pastor Kollin! Mein Vater! Meine Mutter!

FRAU VOCKERAT. Wir kennen uns schon.

JOHANNES. Meine Frau — Fräulein Mahr.

Man ordnet sich und begibt sich auf die Veranda. Frau Vockerat am Arme des Pastors, Frau Käthe am Arme des alten Vockerat, Fräulein Mahr geführt von Johannes. Allein und als letzter folgt Braun.

Das Zimmer ist leer. Aus der Schlafstube dringt der leise Gesang der Amme. »Eia popeia, was raschelt im Stroh, 's sind die lieben Gänschen, sie haben keine Schuh.« Das

Klirren der Teller und Bestecke von der Veranda her. Plötzlich kommt Käthe herein, um noch etwas aus dem Schubfach des Tisches zu holen. Johannes kommt eilig nach.

JOHANNES. Aber Käthe — du sollst doch nicht... du sollst doch nicht laufen. Laß mich doch...

FRAU KÄTHE. Ach, so schwach bin ich doch nicht.

JOHANNES, *Feuer und Flamme.* Übrigens, du! Das ist'n ganz wundervolles Geschöpf! D i e s e s Wissen! Die Selbständigkeit im Urteil! Und wenn man nu bedenkt, so'n Wesen hat kaum so viel, um knapp auszukommen. Du weißt ja, Braun hat uns doch immer erzählt. Eigentlich ist's unsre Pflicht und Schuldigkeit, du, daß wir sie auffordern, 'n paar Wochen hierzubleiben.

FRAU KÄTHE. Wenn du willst.

JOHANNES. Nee, ich will nicht! Dir ist es viel nötiger als mir, du sollst wollen! Von so einem Wesen kannst du noch sehr viel lernen.

FRAU KÄTHE. Du bist wirklich manchmal häßlich, Hannes.

JOHANNES. Aber hab' ich denn nicht recht? Du solltest geradezu fieberhaft jede Gelegenheit ergreifen, geistig 'n bißchen weiterzukommen. Du solltest treiben dazu! Du solltest das Fräulein hier festhalten. Ich begreife nicht, wie man so gleichgültig sein känn.

FRAU KÄTHE. Ich bin ja ganz dafür, Hannes.

JOHANNES. Gar kein bißchen Feuer ist in euch! Kein bißchen Initiative — schrecklich!

Der Pastor schlägt draußen ans Glas.

FRAU KÄTHE. Ach Hannes, geh nur, geh! — Der Pastor toastet. Ich komme gleich! Ich bin ja ganz dafür! Wir können doch nicht beide fort sein, wenn...

JOHANNES. Na sei gut! Sei gut, Käthe! *Er küßt ihr die Tränen aus den Augen und begibt sich eiligst auf die Veranda. Man hört die Stimme des Pastors. Der Schlummergesang der Amme klingt noch immer leise. In Käthe ist etwas vorgegangen. Sobald Johannes fort ist, wird sie gleichsam welk und muß, während sie sich bemüht, auf die Veranda zu kommen, Stützpunkte mit den Händen suchen. Mehrmals leichter Schwindel. Schließlich kann sie nicht weiter und ist genötigt, sich zu setzen. Sie hält nun die Augen starr vor sich hin gerichtet und bewegt lautlos die Lippen. Ihre Lider stehen voll Wasser. Der Pastor ist zu Ende. Es wird angestoßen. Käthe rafft sich zusammen, erhebt sich, schreitet weiter.*

ZWEITER AKT

autumn morning

*Ein schöner Herbstmorgen. Frau Vockerat im Hauskleide, mit
Schürze und Schlüsselbund, ordnet den Tisch für das Frühstück. Man vernimmt das von Männerstimmen gesungene Lied:
»Wem Gott will rechte Gunst erweisen.« Ein Gesangverein zieht
am Hause vorüber. Fräulein Anna Mahr, am Arm einen Korb*
A. has been picking grapes *mit Weintrauben, erscheint vom Garten her auf der Veranda.
Sie steht still, lauscht dem Gesange und blickt dann, die Augen
mit der Hand schützend, über den See in die Ferne. Der Gesang
tönt schwächer. Anna kommt herein. Sie trägt ein schwarzes,
kurzärmliges Morgenkleid und hat ein schwarzes Spitzentuch
um Kopf und Hals gelegt. Vor der Brust ein Strauß bunter
Herbstblätter.*

FRAU VOCKERAT. Schön guten Morgen, Fräulein!

FRÄULEIN ANNA *stellt den Korb beiseite, eilt auf Frau Vockerat
zu und küßt ihr die Hand.* Guten Morgen, Mama Vockerat!

FRAU VOCKERAT. So zeitig auf den Beinen, liebes Fräulein!?

FRÄULEIN ANNA. Wir nehmen den Wein ab, Herr Johannes
und ich.

FRAU VOCKERAT. Das war auch höchste Zeit. *Sie kostet
Beeren aus dem Korbe.* Süßer wird er doch nicht. — Aber
ist Ihnen nicht kalt, Fräulein? *Tippt mit dem Finger auf
Annas bloßen Arm.* So leicht…? Mir scheint's ziemlich
frisch heut!

FRÄULEIN ANNA, *während des Folgenden die Trauben einzeln
und mit Sorgfalt auf ein Holztablett legend.* Schön frisch
ist's. — Aber mir macht's nichts. — Ich bin abgehärtet
gegen Kälte. — Wundervoll ist die Luft. — Die Pfähle im
See — ich meine die Pfähle, wo die Kähne festgemacht
sind — die waren ganz weiß bereift sogar — heut früh
zeitig: — das sah ganz einzig aus. Überhaupt ist's hier
wunderschön. — Kann ich I h n e n nun etwas helfen, Mama
Vockerat?

FRAU VOCKERAT. Wenn Sie mir die Zuckerdose mal rüber-
reichen wollten!

FRÄULEIN ANNA *hat die Zuckerdose auf den Tisch gestellt. Noch
über den Tisch gebeugt, seitlich aufschauend.* Sind Sie mir
nicht böse, wenn ich Sie Mama Vockerat nenne?

FRAU VOCKERAT *lacht.* Ach woher!

FRÄULEIN ANNA. Ich bin so glücklich, wenn Sie mir's erlauben. *Küßt Frau Vockerat unversehens und stürmisch.* Ach! ich bin Ihnen überhaupt so dankbar, daß Sie mir erlauben, hier zu sein.

FRAU VOCKERAT. Aber Fräulein Ännchen.

FRÄULEIN ANNA. Ich fühle mich so sehr glücklich in Ihrer Familie. Sie sind alle so herzlich zu mir. Sie sind überhaupt alle so gute Menschen.

FRAU VOCKERAT. I du mein…! Sie haben Sommerfäden aufgelesen. *Sie liest die Fäden von Annas Kleid.*

FRÄULEIN ANNA. Und daß man so glücklich sein kann in einer Familie! Mir ist eben so was ganz fremd gewesen bis jetzt.

FRAU VOCKERAT, *immer noch Spinnefäden ablesend.* Man muß so was nicht berufen, Fräulein! — Warten Sie! — Hier… Reine Schnüre wirklich!

FRÄULEIN ANNA. Sind Sie abergläubisch, Mama Vockerat?

FRAU VOCKERAT. Ach nein, nein, mein Herzchen! Es is ja richtig: der liebe Gott meint's ja ganz gut mit uns. Aber alles ist gerad auch nicht so, wie's sein könnte.

FRÄULEIN ANNA. Da wüßt' ich wirklich nicht… Sie sind doch alle… Ach nein, das müssen Sie nicht sagen!

FRAU VOCKERAT. Nein, nein! Da haben Sie auch recht. Man soll auch nicht murren. *Ablenkend.* Einstweilen ist es wunderhübsch, daß wir Sie bei uns haben. *Geheimnisvoll.* Sie sind auch für Johannes ein guter Geist.

FRÄULEIN ANNA, *überrascht. Wechselt die Farbe. Plötzlich heftig.* Mögen Sie mich wirklich ein klein wenig leiden?

FRAU VOCKERAT. Ich hab' Sie sogar sehr lieb, Fräulein.

FRÄULEIN ANNA. Aber nicht so wie ich. Wie meine wirkliche Mutter lieb' ich Sie. *Den leeren Korb nehmend, im Begriff, wieder in den Garten zu gehn.* Herr Johannes hat doch ein zu gutes Herz, fast zu weich.

FRAU VOCKERAT. Wieso denn?

FRÄULEIN ANNA. Ach, überhaupt. — Gestern auf der Straße zum Beispiel trafen wir einen Betrunknen. Die Kinder kamen gerade aus der Schule. Und auch die Erwachsnen ließen ihn nicht in Ruh'. Vor dem Müggelschlößchen war ein großer Auflauf.

FRAU VOCKERAT. Ja, ja! so was kann er nicht leiden. Da is er nicht zu halten. Da hat er sich schon viel Unannehmlichkeiten zugezogen.

FRÄULEIN ANNA. Finden Sie das nicht schön, Mama Vockerat?

FRAU VOCKERAT. Schön? — Ach… Nu ja, warum denn nicht!

→ A. seems to be v. close to J. now.

Er is ja'n guter Junge. — Aber wenn man's recht bedenkt:
was nützt denn das alles! Was nützt denn alle Güte! Und
wenn er noch so gut is: seinen Gott hat er halt doch verloren. — — Das is gar nicht leicht. Das könn'n Se wirklich
glauben, Fräulein! für 'ne Mutter... für Eltern — die ihr
Herzblut, möcht' ich sagen, drangesetzt haben, ihren Sohn
zu einem frommen Christenmenschen zu erziehen. *Sie
schneuzt sich, um ihre Rührung zu verbergen.* Der dumme
Schnupfen! Schon die ganzen Tage... *Sich mit Staub-
wischen beschäftigend, nach einer Pause.* Gut is er ja! das is
alles recht gut und schön, aber das macht ein ja doppelt
kummervoll. Und man sieht doch auch, wie sich's rächt:
es liegt kein Segen über seiner Tätigkeit. Immer und ewig
Unruhe und Hast. Die reine Hetzjagd nur immer. Und
wenn noch was dabei rauskäme. Aber man sicht's ja, er
kommt nicht vorwärts. — Wie war der Junge bloß früher!
Ein Kind... Ein reines Wunderkind war er. Ich weiß noch,
Pastor Schmidel... Alles staunte nur so. Mit dreizehn Jahren Sekundaner. Mit siebzehn hatt' er's Gymnasium durch
— und heut? Heut haben sie ihn fast alle überholt. Heut
sind welche, die nicht halb so begabt waren, längst im Amt.

FRÄULEIN ANNA. Das ist aber im Grunde doch ganz natürlich.
— Das beweist doch eben gerade, daß Herr Johannes über
das Hergebrachte hinauswill. Die ausgetretenen Wege, die
sind eben nicht für jeden. Herr Johannes gehört eben auch
unter diejenigen, welche neue Wege suchen.

FRAU VOCKERAT. Dafür gibt'n aber doch kein Mensch was,
Fräulein Anna! Was nützt denn das alles, wenn er sich auf-
reibt? Da will ich doch hundertmal lieber, daß er'n ein-
facher Landmann — oder Gärtner — oder meinetwegen auch
'n Beamter oder so was wäre — und das ganze Grübeln
Grübeln sein ließe — — Na, Fräulein! Lassen Sie sich nicht
etwa Ihre frohe Laune verderben. 's kommt halt manchmal so über mich. Da is mir's so manchmal, als wenn's gar
nicht möglich wär'. Aber wenn man sich 'ne Weile gegrämt
hat, dann sagt man sich auch wieder: der liebe Gott wird
schon alles wohl machen. — Ja, ja! da lächeln Sie. So alt-
modisch bin ich noch. Von dem lass' ich nicht. Von dem
dort oben, mein' ich... von dem kann mich keine Macht
der Welt losreißen.

FRÄULEIN ANNA. Das will ich auch nicht. Und gelacht hab' ich
auch nicht, Mama Vockerat. Aber sehn Sie: Sie selbst sind

schon wieder heiter geworden. Kommen Sie! Wollen Sie
nicht? Es ist wundervoll auf der Veranda.

FRAU VOCKERAT. Nein, nein! Ich erkält' mich. Ich hab' auch
zu tun. Gehn Sie nur — und bringen Sie Johannes mit. Das
Frühstück ist fertig. *Fräulein Anna ab.*

*Während Frau Vockerat einige Möbel abstäubt, hört man
Trommeln und Querpfeifen. Frau Vockerat eilt ans Fenster.
Das Geräusch der Instrumente läßt nach und verstummt. Frau
Käthe im Morgenrock aus dem Schlafzimmer.*

FRAU KÄTHE, *abgespannt.* Es ist zu lebhaft am Sonntag.

FRAU VOCKERAT. Turner aus Berlin, Käthel! Prächtige Menschen. Guten Morgen, Käthemiezel. Nu —? Wie haste ge-
ruht, Kind? Gut? Siehst nicht zum besten aus gerade.

FRAU KÄTHE. Der Kleine kam zweimal. Da hab' ich wach-
gelegen 'ne Zeitlang. Wart mal, Mutter! Ich muß mir mal
überlegen... ich muß denken.

FRAU VOCKERAT. Du solltest schon nachgeben, Kindel, und
die Amme allein schlafen lassen mit Philippchen.

FRAU KÄTHE, *gelinde vorwurfsvoll.* Ach, Mutter, du weißt doch.

FRAU VOCKERAT. Aber warum denn nu nicht?

FRAU KÄTHE. Du weißt ja doch, das tu' ich nicht.

FRAU VOCKERAT. Du wirst's am Ende doch mal tun müssen,
Käthchen?

FRAU KÄTHE, *gereizt.* Ich lasse mich aber nicht trennen! Philippchen ist mein Kind. So ein kleines Kind ohne Mutter...

FRAU VOCKERAT. Aber Kindel, Kindel! Bewahre! Wer denkt
denn so was! Komm! — Ich hol' dir was. — Kaffee. — Soll
ich dir'n Schnittchen streichen inzwischen — oder...?

FRAU KÄTHE, *am Tisch sitzend, erschöpft.* Ach ja, bitte! *Nach
einer Pause, während Frau Vockerat das Brot mit Butter
bestreicht, fährt Käthe fort.* Wo ist denn Johannes?

FRAU VOCKERAT. Sie nehmen den Wein ab — er und das Fräulein.

FRAU KÄTHE, *Kinn auf die Hand gestützt, gedehnt.* Sie is sehr
lieb. Nicht?

FRAU VOCKERAT. Ich hab' sie auch gern, muß ich sagen.

FRAU KÄTHE. Nu sag mal selbst, Mutterchen: Du warst immer
so schlecht zu sprechen auf die Emanzipierten.

FRAU VOCKERAT. Alles was recht is! Ich muß wirklich auch
sagen...

FRAU KÄTHE, *schleppend.* So schlicht und weiblich. Keine
Spur von aufdringlich. — Trotzdem sie doch sehr viel weiß

und sehr klug ist. Das find' ich so nett. Nicht, Mutterchen?
Sie will so gar nicht glänzen mit ihrem Wissen. — Über
Johannes freu' ich mich jetzt recht. — Find'st du nicht,
Mutter: er ist immer so heiter jetzt?

FRAU VOCKERAT, *überrascht*. Ja, ja! Du hast recht. Er ist
wirklich jetzt manchmal ganz ausgelassen.

FRAU KÄTHE. Nicht wahr, Muttchen?

FRAU VOCKERAT. Weil er nun jemanden hat, siehst du, vor
dem er seine gelehrten Sachen auskramen kann.

FRAU KÄTHE. Das is sehr wichtig für ihn.

FRAU VOCKERAT. Das kann schon sein, ja, ja! *Pause*.

FRAU KÄTHE. In vielen Dingen muß ich Fräulein Anna recht
geben. Sie sagte neulich: wir Frauen lebten in einem Zustand der Entwürdigung. Da hat sie ganz recht. Das fühl'
ich hundertmal.

FRAU VOCKERAT. Ach, darum kümmere ich mich nicht. Weißt
du — überhaupt — mit solchen Sachen darf sie mir alten,
erfahrenen Frau nicht kommen. Das hat se auch schon
gemerkt. Dazu bin ich zu alt und habe zu viel Erfahrungen
gemacht.

FRAU KÄTHE. Aber sie hat doch recht, Mutter. Das ist zu
sonnenklar, daß sie recht hat. — Wir sind wirklich und
wahrhaftig ein verachtetes Geschlecht. — Denke mal: es
gibt einen Paragraphen in unseren Gesetzen — das erzählte
sie gestern —, danach hat der Mann noch heut das Recht,
seine Frau in mäßiger Weise körperlich zu züchtigen.

FRAU VOCKERAT. Das kenn' ich nicht. Darüber will ich gar
nichts sagen. Das wird wohl auch. nicht so schlimm sein.
Aber wenn du mir'n Gefallen tun willst, Käthel, gib dich
mit den neuen Geschichten nicht ab. Das macht den Menschen bloß konfus. Das raubt'n die Ruhe und den Frieden.
Wart, Kindel, nu hol' ich dir Kaffee. — Das ist meine Meinung, Käthel. *Ab*.

*Frau Käthe sitzt am Frühstückstisch, das Kinn in der Hand,
den Ellenbogen auf der Tischplatte. Plötzlich gehen draußen
Johannes und Fräulein Anna laut redend und lachend vorüber. Frau Käthe schrickt zusammen, zittert und erhebt sich,
um mit den Augen das Paar verfolgen zu können. Ihr Blick
ist voll Angst, sie atmet schwer. Nun hört man Frau Vockerat
mit der Kaffeekanne klirren. Gleich darauf erscheint sie und
findet Käthe noch in derselben Stellung am Tisch, in der sie
sie zurückgelassen.*

FRAU VOCKERAT, *mit Kaffee*. So. — Da. — Nun trink und stärk dich! *Fräulein Anna und Johannes von der Veranda herein.* — Schön, daß ihr kommt.

JOHANNES, *die Tür offenlassend*. Wir lassen offen. Die Sonne wärmt schon tüchtig. — Hatten Sie sich sehr verletzt, Fräulein?

FRÄULEIN ANNA, *einige lange Weinranken mit hereinziehend*. Ach, nein, gar nicht! Das Spalier war so naß, da glitt ich aus mit der Schere. *Eilt auf Käthe zu, faßt ihre beiden Hände und küßt ihr die Stirne.* Guten Morgen, Frau Käthe! — Hu, kalte Hände... Was für kalte Hände haben Sie. *Sie reibt ihr die Hände warm.*

JOHANNES *küßt Käthe von rückwärts auf die Wange.* Guten Morgen, Käthe! — *Mit komischem Erstaunen.* Ach, du liebes Gottchen! wie siehst du bloß wieder aus! Jammervoll! Wie so'n krankes Hühnchen vollständig.

FRAU VOCKERAT. Aber ihr bringt Kälte herein! Nächstens müssen wir wirklich heizen. — Na kommt nur jetzt. *Sie hat allen eingegossen.*

FRÄULEIN ANNA, *den Tisch mit den Ranken schmückend*. Bißchen dekorieren.

FRAU KÄTHE. Wunderhübsch!

JOHANNES, *sitzend*. Nun urteilt mal: wie sieht Fräulein Anna heut aus, und wie sah sie vor acht Tagen aus — als sie ankam? —> A. is noticeably healthier now

FRÄULEIN ANNA. Es geht mir zu gut hier. Ich werde abreisen müssen.

FRAU VOCKERAT. Man merkt die Landluft.

JOHANNES. — Und wer hat sich damals gesträubt und gesträubt —?

FRAU VOCKERAT. Was wird Papachen jetzt machen?

JOHANNES. Er wird sich tüchtig bangen nach dir.

FRAU VOCKERAT. Na, er hat zu tun. Die Wintersaat ist zwar rein — aber er schrieb ja auch: ich sollte nur ja bleiben, solange ich nötig wär'.

JOHANNES. Er wird dich abholen, Mutti?

FRAU VOCKERAT. Ja, wenn ich ihm schreibe, kommt er. *Zu Fräulein Anna.* Er benutzt ja zu gern jede Gelegenheit, die Kinder mal wiederzusehen. Und nu noch gar das Enkelchen! Nein, wie damals euer Telegramm kam: Gesunder Junge. Nein, dieser Mann! — da war er aber wirklich rein außer sich vor Freude.

FRAU KÄTHE. Das gute Papachen! Du mußt nun auch wirklich bald zu ihm. Das wäre zu egoistisch von uns...

FRAU VOCKERAT. I komm mer nur! Erst schaff dir andre Backen an!

FRÄULEIN ANNA. Ich wäre ja auch noch da. Was denken Sie! Ich verstehe auch zu wirtschaften. Und was ich Ihnen alles kochen könnte! Russisch! Borschtsch oder Pilaw. *Alle lachen.*

FRAU VOCKERAT, *unwillkürlich hastig.* Nein, nein! Ich gehe ja doch keinesfalls.

FRAU KÄTHE. Nu, wenn's dir wirklich nichts macht, Mutterchen... *Pause.*

JOHANNES. Gib mal den Honig, Käthel.

FRAU KÄTHE. Ach, da kommt Braun!

Braun. Überzieher, Hut, Schirm, Reisetasche, Buch unterm Arm. Er macht einen gelangweilten Eindruck. Müder und nachlässiger Gang.

BRAUN. Morgen!

JOHANNES. Wo führt dich der Kuckuck her, schon so zeitig? *Frau Vockerat schlägt nach etwas mit der Serviette.* — Eine Biene, Mutti! nicht schlagen, nicht schlagen!

BRAUN. Ich wollte nach Berlin. Farben holen aus meiner Bude. Hab' leider den Zug versäumt.

JOHANNES. Du! Das passiert dir oft.

BRAUN. Na, morgen ist auch noch ein Tag.

FRAU KÄTHE *nimmt, als ob die Biene um ihren Teller summe, die Hände in die Höh'.* Sie spürt den Honig.

FRÄULEIN ANNA. Gehn denn nicht mehr Züge? *Blickt auf den Busen herab, drohend.* Bienchen, Bienchen!

BRAUN. Die sind mir zu teuer. Ich fahre nur Arbeiterzug.

JOHANNES. Die fahren nur ganz zeitig. — Sag mal! Malen kannst du doch noch?

BRAUN. Ohne Farben? Nein.

JOHANNES. Breo, Breo! Du kommst mir ins Bummeln.

BRAUN. Tag früher oder später berühmt. — Ach, überhaupt die ganze Malerei...

JOHANNES. Lieber Schach spielen, wie?

BRAUN. Wenn du nur für so was mehr Sinn hätt'st. Aber dein Meer hat keine Häfen, lieber Sohn. Du lebst ohne Pausen.

JOHANNES. Ach, 's is wohl nicht möglich! —

FRAU VOCKERAT *fährt auf, schreit.* Eine Wespe, eine Wespe! *Alle schlagen mit den Servietten nach Frau Vockerat.*

JOHANNES. Schon hinaus.

FRAU VOCKERAT, *wieder Platz nehmend.* Infame Tiere. *Alle setzen sich.*

JOHANNES. Na, komm, setz dich! — Was hast du denn da?

BRAUN. Möcht'st du wohl gern wissen? Interessante Sache.

JOHANNES. Na, komm, frühstück noch'n bißchen.

BRAUN *hat sich gesetzt und Johannes das Buch gegeben, der darin blättert.* Ja, das tu' ich sehr gern. Ich hab' nur ganz flüchtig... Such mal: »Die Künstler« — von Garschin —

JOHANNES, *blätternd.* Was hast du denn da wieder aufgegabelt?

BRAUN. Was für dich, Hannes.

FRÄULEIN ANNA. Ja, das ist eine sehr gute Novelle. Sie kannten sie noch nicht?

BRAUN. Nein. Heut früh im Bett erst fing ich zu lesen an. Deshalb hab' ich eben den Zug versäumt.

FRÄULEIN ANNA. Sind Sie nun für Rjäbinin oder für Djedoff?

JOHANNES. Jedenfalls bist du jetzt mehr fürs Lesen als fürs Malen.

BRAUN. Augenblicklich sag nur lieber: weder fürs Lesen noch fürs Malen. Zieh dir nur auch mal die Geschichte von Garschin bißchen zu Gemüte. Es gibt vielleicht Dinge zu verrichten, die augenblicklich wichtiger sind als sämtliche Malereien und Schreibereien der Welt.

FRÄULEIN ANNA. Sie sind also für Rjäbinin?

BRAUN. Für Rjäbinin? — Oh, oh — na — das kann ich nicht mal sagen — so bestimmt.

JOHANNES. Was ist das eigentlich für 'ne Geschichte: »Die Künstler«?

FRÄULEIN ANNA. Zwei Künstler werden geschildert: ein naiver und ein sogenannter denkender Künstler. Der naive war Ingenieur und wird Maler. Der denkende steckt die Malerei auf und wird Schullehrer.

JOHANNES. Aus welchem Grunde denn?

FRÄULEIN ANNA. Es scheint ihm augenblicklich wichtiger, Lehrer zu sein.

JOHANNES. Wie kommt er denn zu dem Entschluß?

FRÄULEIN ANNA *hat das Buch genommen, blättert.* Warten Sie! — Es ist das einfachste, ich lese Ihnen die Stelle vor. — Hier! *Sie hält den Finger auf die gefundene Stelle und wendet sich erklärend an alle.* Djedoff, der ehemalige Ingenieur, hat Rjäbinin in eine Dampfkesselfabrik geführt. Die Leute, welche die Arbeit im Innern des Kessels verrichten, werden nach einiger Zeit gewöhnlich taub von dem fürchterlichen Geräusch des aufschlagenden Hammers. Deshalb werden sie von den andern Arbeitern in Rußland »die Tauben« genannt. So einen »Tauben« zeigt ihm Djedoff bei der Arbeit. *Sie liest.* »Da sitzt er vor mir im dunklen Winkel des Kessels, in einen Knäuel zusammengeballt, in Lumpen gehüllt, vor Müdigkeit fast zusammenbrechend... Seinem bläulich roten Gesicht... der Schweiß herunterrinnt... Seiner gequälten, breiten, eingefallenen Brust...«

FRAU VOCKERAT. Aber warum schildert man nun überhaupt solche schreckliche Sachen? Das kann doch niemand erfreuen.

JOHANNES, *lachend, seiner Mutter liebevoll über den Scheitel streichend.* Mutterchen, Mutterchen! muß denn immer gelacht sein?

FRAU VOCKERAT. Das sag' ich nicht. Aber man muß doch seine Freude haben können an der Kunst.

JOHANNES. Man kann viel mehr haben an der Kunst als seine Freude.

FRÄULEIN ANNA. Rjäbinin ist auch nicht erfreut. Er ist in seinem Innersten erschüttert und aufgewühlt.

JOHANNES. Denk doch mal an die Landwirtschaft, Muttel! Da muß der Boden auch aufgewühlt werden — alle Jahre, mit dem Pflug, wenn was Neues drauf wachsen soll.

FRÄULEIN ANNA. In Rjäbinin zum Beispiel, da wächst auch was Neues. Er sagt sich: solange noch solches Elend existiere, sei es ein Verbrechen, irgend etwas anderes zu tun, was nicht unmittelbar darauf abzielt, diesem Elend zu steuern.

FRAU VOCKERAT. Elend hat's immer gegeben.

JOHANNES. Die Idee, Lehrer zu werden, ist da doch aber ziemlich verfehlt.

BRAUN. Wieso denn? Ist das etwa nicht was Nützlicheres als Bilder malen und Bücher schreiben?!

JOHANNES. Wie hoch du deine Arbeit anschlägst, mußt du ja wissen. Ich für mein Teil denke gar nicht gering von meiner Tätigkeit.

BRAUN. Du gestehst dir's nicht ein, und ich gestehe mir's ein.

JOHANNES. Was denn? Was gesteh' ich mir nicht ein?

BRAUN. Nu eben das.

JOHANNES. Was?

BRAUN. Daß deine ganze Schreiberei ebenso zwecklos ist wie...

JOHANNES. Was für eine Schreiberei?

BRAUN. Na, deine psychophysiologische da.

JOHANNES, *barsch*. Davon verstehst du ja nichts.

BRAUN. Liegt mir auch gar nichts dran.

JOHANNES. Na, höre! dann bist du ein armseliger Ignorant einfach, dann stehst du auf einer Bildungsstufe...

BRAUN. Ja, ja, spiel nur deine Schulbildung wieder aus.

JOHANNES. Auf meine Schulbildung spucke ich; das weißt du recht gut. Aber so viel steht fest...

BRAUN. Das sagst du hundertmal, und doch guckt dir der Bildungshochmut durch alle Ritzen. Ach, hören wir überhaupt auf davon! Das sind heikle Sachen, die jeder schließlich mit sich selber ausmachen muß.

JOHANNES. Wieso denn heikel?

BRAUN. Es hat ja keinen Zweck. Du wirst immer gleich so heftig. Du alterierst dich wieder und...

JOHANNES. Drück dich doch aus, lieber Sohn! Drück dich doch klar aus!

BRAUN. Ach Unsinn! Es hat ja wirklich keinen Zweck. Sehe jeder, wie er's treibe!

JOHANNES. Ja! treib' ich's denn so schlimm, sag mal!

BRAUN. Nicht schlimmer wie die andern alle. Du bist eben 'n Kompromißler.

JOHANNES. Verzeihe, wenn ich dir darauf keine Antwort gebe. — Die Sache langweilt mich einfach. — *Erregt ausbrechend.* So steht es nämlich! Ihr Freunde habt radikale Phrasen gedroschen, und ich habe euch ein für allemal gesagt, daß ich das nicht mitmache: deshalb bin ich'n Kompromißler.

BRAUN. So drückst du's aus, aber die Sache ist die: Wenn wir andern mit unsern Gedanken rücksichtslos vordrangen, da hast du für das Alte und Überlebte in jeder Form gegen uns das Wort geführt. Und deshalb hast du deine Freunde von dir fortgetrieben und dich isoliert.

FRAU KÄTHE, *besänftigend*. Johannes!

JOHANNES. Die Freunde, die ich von mir forttreiben konnte... auf die Freunde, aufrichtig gestanden!... auf die pfeif' ich.

BRAUN *erhebt sich*. Du pfeifst auf sie? *Mit Blick auf Anna.* Seit wann denn, Hannes?

FRAU KÄTHE, *nach einer Pause*. Wollen Sie schon fort, Herr Braun?

BRAUN, *beleidigt, im gleichgültigen Tone*. Ja. Ich habe noch was zu tun.

JOHANNES, *gut*. Mach keine Torheiten!

BRAUN. Nee wirklich.

JOHANNES. Na dann —: tu, was du nicht lassen kannst.

BRAUN. Guten Morgen! *Ab. Pause.*

FRAU VOCKERAT *fängt an, das Geschirr zusammenzustellen.* Ich
weiß nicht! Ihr schwärmt immer so von dem Braun. Ich
muß ehrlich sagen: ich hab'n nicht sehr gern.

JOHANNES, *gereizt.* Mutter! Tu mir die einzige Liebe...!

FRAU KÄTHE. Braun is aber wirklich nicht nett zu dir, Hannes!

JOHANNES. Kinder! Mischt euch bitte nicht in meine Privat-
angelegenheiten.

*Es tritt wieder eine Pause ein. Frau Vockerat räumt den
Tisch. Frau Käthe erhebt sich.*

JOHANNES, *zu Käthe.* Wohin willst du denn?

FRAU KÄTHE. Den Kleinen baden. *Sie nickt Fräulein Anna
gezwungen lächelnd zu, dann ab ins Schlafzimmer.*

*Frau Vockerat, einen Teil des Geschirrs auf dem Tablett
tragend, will ab. In diesem Augenblick öffnet sich die Flurtür
ein bißchen, ein Hökerweib wird sichtbar und ruft herein.*
Die Grünfrau!

FRAU VOCKERAT *antwortet.* Ich komm' ja schon. *Ab durch die
Flurtür. — Nach einer Pause.*

FRÄULEIN ANNA, *erhebt sich, stellt ihre Uhr.* Wie spät mag es
sein — genau? *Wendet sich zu Johannes, der mißmutig da-
sitzt.* Nun, Herr Doktor! — *Sie singt leise die Melodie von
»Brüderlein fein«, sieht schalkhaft dabei Johannes an. Beide
müssen lachen.*

JOHANNES, *wieder ernst, seufzt.* Ach, Fräulein Anna! Es ist
leider bittrer Ernst.

FRÄULEIN ANNA, *ihm schalkhaft mit dem Finger drohend.* Aber
lachen Sie nicht!

JOHANNES *lacht wieder, dann ernst.* Nein wirklich. Sie wissen
bloß nicht, was alles dahintersteckt: hinter so einer Äuße-
rung von Braun.

FRÄULEIN ANNA. Haben Sie mich schon Klavier spielen gehört?

JOHANNES. Nein, Fräulein! — Aber ich denke, Sie spielen
überhaupt nicht.

FRÄULEIN ANNA. Nein, nein! Ich scherze auch nur. — Also
wir rudern heut morgen?

JOHANNES. Ich habe wirklich nicht recht zu was Lust mehr.

FRÄULEIN ANNA, *freundlich drohend.* Herr Doktor! Herr Doktor! Wer wird gleich so trübe sein!

JOHANNES. Ich begreife nicht, daß ein Mensch wie Braun...

FRÄULEIN ANNA. Also noch immer Braun! Haben Ihnen wirklich seine Äußerungen einen so tiefen Eindruck gemacht?

JOHANNES. Fräulein! Das sind alte Geschichten, die dadurch wieder aufgerührt werden und...

FRÄULEIN ANNA. Die soll man ruhen lassen, Herr Doktor, — die alten Geschichten. Solange man rückwärts blickt, kommt man nicht vorwärts.

JOHANNES. Sie haben auch wirklich recht. Also lassen wir's. — Das ist übrigens interessant, wie sonst kluge Leute immer auf ein und denselben Irrtum — durch Jahre hindurch zurückkommen. Das ist nämlich sein voller Ernst. Er hält nämlich meine philosophische Arbeit für etwas Nichtsnutziges. Können Sie sich das vorstellen?

FRÄULEIN ANNA. Es gibt solche Menschen.

JOHANNES. Man soll öffentlich tätig sein, lärmen, sich radikal gebärden. Man soll sich nicht kirchlich trauen lassen, auch nicht aus Rücksicht für seine kirchlich erzogene Braut. Man soll überhaupt keine Rücksicht nehmen, und wenn man nun gar wie ich innerhalb seiner vier Wände einer wissenschaftlichen Aufgabe lebt, dann ist man in den Augen seiner Freunde ein Mensch, der seine Ideale verraten hat. Ist das nicht sonderbar, Fräulein?

FRÄULEIN ANNA. Ach, Herr Doktor, legen Sie doch nicht so viel Gewicht auf das, was Ihre Freunde sagen. Wenn Ihre Anschauungen Sie selbst befriedigen können, — lassen Sie sich's doch nicht anfechten, daß die andern dadurch nicht befriedigt werden. Die Konflikte bringen die Menschen um ihre Kraft.

JOHANNES. Ach, nein, nein! Gewiß nicht. Ich lasse mich gewiß nicht mehr beeinträchtigen dadurch. Wem es nicht behagt, dem kann ich einfach nicht helfen! Immerhin ist's einem nicht immer gleichgiltig gewesen. Man ist aufgewachsen mit seinen Freunden. Man hat sich daran gewöhnt, von ihnen ein wenig geschätzt zu werden. — Und wenn man diese Schätzung nun nicht mehr spürt, da ist's einem, als ob man plötzlich in einem luftleeren Raum atmen sollte.

FRÄULEIN ANNA. Sie haben doch die Familie, Herr Doktor.

JOHANNES. Gewiß. Jawohl. Das heißt... Nein, Fräulein Anna! — Sie werden mich nicht mißverstehen. Ich habe bisher noch zu niemandem darüber gesprochen. Sie wissen ja, wie sehr ich mit meiner Familie verwachsen bin. Aber,

was meine Arbeit anbelangt, da kann mir meine Familie
wirklich nicht das mindeste sein. Käthchen hat ja wenigstens noch den guten Willen — 's is ja rührend! Sie findet
ja alles immer wunderschön. Aber ich weiß doch, daß sie
kein Urteil haben kann. Das kann mir doch dann nicht viel
nützen. Deshalb befind' ich mich ja buchstäblich wie im
Himmel, seit Sie hier sind, Fräulein Anna. Das passiert
mir ja das erstemal im Leben, daß jemand für meine Arbeit,
für das, was ich zu leisten imstande bin, ein sachliches
Interesse hat. Das macht mich ja wieder frisch. Das is ja
wie 'ne Heide förmlich, auf die's regnet. Das...

FRÄULEIN ANNA. Sie sind ja poetisch beinah, Herr Doktor!

JOHANNES. Das ist auch durchaus zum Poetischwerden. Aber
da täuschen Sie sich sehr. Meine Mutter haßt das arme
Manuskript direkt. Am liebsten möchte sie's in den Ofen
stecken. Meinem guten Vater ist es nicht weniger unheim-
lich. Also von da habe ich nichts zu erwarten. Von meiner
Familie habe ich nur Hemmnisse zu erwarten — was das anbelangt. — Übrigens wundert mich das ja nicht. Nur daß man
Freunde hat — und daß auch die nicht einen Gran Achtung
für meine Leistung aufbringen — daß ein Mann wie Braun...

FRÄULEIN ANNA. Es wundert mich, daß gerade Braun Ihnen
solchen Kummer macht.

JOHANNES. Ja, Braun... das ist... Wir kennen uns von
Jugend auf.

FRÄULEIN ANNA. Das heißt: Sie kennen ihn von Jugend auf?

JOHANNES. Ja, und er mich —

FRÄULEIN ANNA. Er Sie? Ach, wirklich?

JOHANNES. Na ja — das heißt bis zu einem gewissen Grade.

FRÄULEIN ANNA. Sie sind so grundverschieden, scheint mir nur.

JOHANNES. Ach, meinen Sie!

FRÄULEIN ANNA, *nach einer Pause.* Herr Braun ist ja noch so
unfertig in jeder Beziehung — so... Ich will nicht sagen,
daß er Sie beneidet, aber es ärgert ihn... Ihr zähes Festhalten an Ihrer Eigenart ist ihm unbehaglich. Es mag ihn
sogar ängstigen. — Er hat etwas imputiert erhalten: gewisse sozial-ethische Ideen, oder wie man sie sonst nennen
will; und daran haftet er nun, daran klammert er sich, weil
er allein nicht gehen kann. Er ist keine starke Individuali-
tät als Mensch, wie sehr viele Künstler. Er getraut sich
nicht, allein zu stehen. Er muß Massen hinter sich fühlen.

JOHANNES. Oh, das hätte mir jemand vor Jahren sagen sollen,

als ich fast erlag unter dem Urteil meiner Freunde! Oh,
hätte mir das ein Mensch gesagt, damals, wo ich so furchtbar darniederlag, wo ich mir Vorwürfe machte, daß ich ein
schönes Haus bewohnte, daß ich gut aß und trank, wo ich
jedem Arbeiter scheu auswich und nur mit Herzklopfen an
den Bauten vorüberging, wo sie arbeiteten! Da habe ich
meine Frau auch was geplagt; alles verschenken wollt' ich
immer und mit ihr in freiwilliger Armut leben. Wirklich,
eh ich solche Zeiten wieder durchmachte, lieber... — Ja
wahrhaftig! — lieber der Müggelsee. — Nun will ich aber
doch — *er greift nach seinem Hut* — den dummen Kerl, den
Braun, noch zur Vernunft bringen.

FRÄULEIN ANNA *sieht ihn an mit eigentümlichem Lächeln.*

JOHANNES. Meinen Sie nicht?

FRÄULEIN ANNA. Tun Sie nur, was Sie müssen, Sie großes
Kind Sie!

JOHANNES. Fräulein Anna!

FRÄULEIN ANNA. Ihr Herz, Herr Doktor, das ist Ihr Feind.

JOHANNES. Ja, sehen Sie, wenn ich mir denke, daß er rum-
läuft und sich ärgert, so — das raubt mir die Ruhe.

FRÄULEIN ANNA. Ist es gut, wenn man so sehr abhängig ist?

JOHANNES, *entschlossen.* Nein — es ist nicht gut. Er wird zwar
nun überhaupt nicht wiederkommen. Er ist nie zuerst zu
mir gekommen. Einerlei! Sie haben recht. Und deshalb
werde ich auch nicht gehn — diesmal — zu Braun. — Wollen
wir also unsere Seefahrt antreten?

FRÄULEIN ANNA. Aber Sie wollten mir das dritte Kapitel lesen.

JOHANNES. Wir könnten es mitnehmen — das Manuskript.

FRÄULEIN ANNA. Ja — schön. Dann kleid' ich mich an, schnell.
*Ab. Johannes tritt an den Bücherschrank, entnimmt ihm sein
Manuskript und vertieft sich hinein.
Frau Vockerat durch die Flurtür, zwei Büchelchen mit Gold-
schnitt in der Hand.*

FRAU VOCKERAT. Siehst du — nun nehme ich mir einen von
euren bequemen Stühlen — setze mir die Brille auf — und
feire meine Morgenandacht. Ist's warm zum Sitzen auf der
Veranda?

JOHANNES. Gewiß, Mutter. *Vom Manuskript aufblickend.* Was
hast du denn da?

FRAU VOCKERAT. »Worte des Herzens«. Du weißt ja — meinen
geliebten Lavater. Und hier habe ich Gerok — »Palm-
blätter«. — Das war ein Mann! — Der gibt's e Gelehrten

manchmal gut. O weh! *Sie legt den Arm um Johannes und
ihren Kopf an seine Brust; zärtlich.* Na, alter Junge!?
Grübelste schon wieder!? *Nicht ohne Humor.* Du junger
Vater du!

JOHANNES, *zerstreut aufblickend vom Manuskript.* Na, mein
Mutti!

FRAU VOCKERAT. Wie ist dir denn so zumute, in deiner neuen
Vaterwürde?

JOHANNES. Ach, Mutti, nicht so besonders. — Wie immer.

FRAU VOCKERAT. Na, tu nur nicht so! Erst biste gehopst
ellenhoch, und nu... Biste etwa wieder nicht zufrieden?

JOHANNES, *zerstreut aufblickend.* Ach, sehr zufrieden, Mutti!

FRAU VOCKERAT. Sag mal, du ziehst ja jetzt immer den guten
Anzug an. Das Fräulein Anna nimmt dir's doch gewiß nicht
übel. Trag doch die alten Sachen ab hier draußen.

JOHANNES. Aber ich bin doch kein kleines Kind mehr, Mutter!

FRAU VOCKERAT. Gleich wirst de gnatzig! *Umarmt ihn fester;
eindringlich zärtlich.* Und sei klein bißchen fromm, alter
Kerl. Tu's deiner alten Mutter zuliebe. Der alte Haeckel
und der tumme Darwin da: die machen dich bloß unglück-
lich. Hörst de! Tu's deiner alten Mutter zu Gefallen.

JOHANNES, *gen Himmel blickend.* Ach, guten Leutchen! Bei
euch muß man wirklich sagen: vergib ihnen, Herr, denn
sie wissen nicht... Glaubst du denn wirklich, daß das so
einfach geht — mit dem Frommwerden?

FRAU VOCKERAT, *im Abgehen.* Es geht, es geht! Du brauchst
bloß wollen, Hannes. Versuch's bloß, Hannes. Versuch's
bloß einmal, Hannes. *Ab auf die Veranda, wo sie sich auf
einen Stuhl niedersetzt und liest. Johannes wieder in sein
Manuskript vertieft.*

Frau Käthe kommt mit Briefen.

FRAU KÄTHE, *lesend, dann aufblickend.* Hannes! Hier ist ein
Brief vom Bankier.

JOHANNES. Bitte, Käthchen! Ich habe jetzt wirklich keinen
Sinn dafür im Augenblick.

FRAU KÄTHE. Er fragt an, ob er verkaufen soll.

JOHANNES. Komm mir jetzt nicht damit, um Gottes willen!

FRAU KÄTHE. Aber es eilt, Hannes.

JOHANNES, *heftig.* Hier! Da! *Schlägt mit dem Zeigefinger
krampfhaft auf das Manuskript.* Meine Sache eilt noch mehr!

FRAU KÄTHE. Meinethalben mag's liegenbleiben. Dann sind
wir eben ohne Geld morgen.

JOHANNES, *noch heftiger.* — Nein — Käthe! — wir passen wirklich nicht zusammen! Da wundert ihr euch immer, warum man zu keiner Ruhe kommt. Wenn sich's nur mal'n bißchen in mir geordnet hat, — da kommst du — und da greifst du hinein — mit Fuhrmannshänden geradezu.

FRAU KÄTHE. Gar nicht. Eben kam der Briefträger, und da sag' ich's dir einfach.

JOHANNES. Das ist's ja eben. Das beweist ja eben eure absolute Verständnislosigkeit. Als ob das so wäre wie Schuhemachen. Der Briefträger kommt, und du sagst mir's einfach. Natürlich! Warum nicht! Daß du mir dabei eine ganze, mühselig zusammengehaspelte Gedankenkette durchreißt, das kommt dir nicht in den Sinn.

FRAU KÄTHE. Aber das Praktische muß doch auch bedacht werden.

JOHANNES. Wenn ich dir aber sage: meine Arbeit geht vor! Sie kommt zuerst und zuzweit und zudritt, und dann erst kann meinetwegen das Praktische kommen. Versuch doch mal das zu begreifen, Käthe! Unterstütz mich doch mal'n bissel! Oder sag mir gar nichts vom Praktischen! Besorg das auf deine Faust! Leg mir nicht...

FRAU KÄTHE. Ich mag nicht verantwortlich sein, Hannes!

JOHANNES. Siehst du, da hast du's wieder. Nur keine Verantwortung! Nur ja keinen selbständigen Entschluß fassen! Macht ihr euch denn nicht mit aller Gewalt abhängig!? Macht ihr euch denn nicht um jeden Preis unmündig!?

FRAU KÄTHE *will ihm den Brief reichen.* Ach, Hannes! sag doch was.

JOHANNES. Aber ich kann jetzt nicht, Käthe.

FRAU KÄTHE. Wenn soll ich denn damit kommen, Hannes? Ich kann doch nicht, wenn das Fräulein dabei ist...

JOHANNES. Das ist auch so recht kleinlich, philisterhaft. Da gibt es so gewisse Dinge... Da muß immer so heimlich getan werden mit Geldsachen. Das ist so unfrei! Ich weiß nicht... Das riecht so nach kleinen Seelen, — äh!

FRAU KÄTHE. Und wenn ich nun anfinge, wenn das Fräulein dabei ist — da möcht' ich dich sehen.

JOHANNES. Immer das Fräulein, das Fräulein. Laß doch Fräulein Anna aus dem Spiele! Die stört uns gar nicht.

FRAU KÄTHE. Ich sag' ja auch nicht, daß sie uns stört. Aber es kann doch unmöglich sehr interessant für sie sein...

JOHANNES. Ach Käthe, Käthe! — Das ist ein Leiden! Immer
die Geldsachen, immer die Angst, als ob wir morgen schon
am Verhungern wären. Das ist ja schrecklich. Das macht
ja wirklich den Eindruck, als ob dein Kopf und dein Herz
ganz und gar nur voll Geld wären. Und da hat man seine
Ideale von der Frau gehabt... Was soll man denn schließlich noch lieben.

FRAU KÄTHE. Wegen meiner sorg' ich mich doch nicht. Aber
was soll denn werden aus Philippchen, wenn... Und du
sagst doch selbst, daß du auf Verdienst nicht rechnen
kannst. Da muß man's doch zusammenhalten.

JOHANNES. Na ja! Du hast eben immer deine Familien-
interessen, und ich habe allgemeine Interessen. Ich bin
überhaupt kein Familienvater. Die Hauptsache ist für mich,
daß ich das, was in mir ist, rausstelle. Wie Pegasus im Joch
komm' ich mir vor. Ich werde noch mal ganz und gar dran
zugrunde gehen.

FRAU KÄTHE. Johannes! Es ist schrecklich für mich, so was
mit anzuhören.

JOHANNES. Fräulein Anna hat ganz recht. Die Küche und die
Kinderstube, das sind im besten Fall eure Horizonte.
Darüber hinaus existiert nichts für die deutsche Frau.

FRAU KÄTHE. Einer muß doch kochen und die Kinder warten.
Das Fräulein hat gut reden! Ich möchte auch lieber Bücher
lesen.

JOHANNES. Käthe! Du solltest dich nicht absichtlich klein-
machen. Die Art, wie du über ein Geschöpf redest, das so
hoch steht wie Fräulein Anna...

FRAU KÄTHE. Nu, wenn sie solche Sachen sagt!

JOHANNES. Was für Sachen?

FRAU KÄTHE. Von uns deutschen Frauen — solche dumme
Sachen.

JOHANNES. Sie hat keine dummen Sachen gesagt. Im Gegenteil. In diesem Augenblick widerstrebt es mir fast, dir zu
sagen, wie gut sie von dir gesprochen hat. Ich möchte dich
nicht zu sehr beschämen.

FRAU KÄTHE. Sie hat aber doch von unserm engen Horizonte
gesprochen.

JOHANNES. Beweise, daß sie sich irrt!

FRAU KÄTHE, *in Tränen, leidenschaftlich*. Nein, Hannes... So
gut wie du auch bist — manchmal... manchmal bist du so
kalt, so grausam — so herzlos!

JOHANNES, *ein wenig abgekühlt.* Da bin ich nun wieder herzlos! Wieso denn nur, Käthe?

FRAU KÄTHE, *schluchzend.* Weil du mich — quälst — du weißt
recht gut...

JOHANNES. Was weiß ich denn, Käthchen?

FRAU KÄTHE. Du weißt, wie wenig ich selbst zufrieden bin mit
mir. — Du weißt es — aber... aber du hast keine Spur von
Mitleid. Immer wird mir alles aufgemutzt.

JOHANNES. Aber, Käthchen, wieso denn?

FRAU KÄTHE. Anstatt — daß du mal — gut zu mir wärst, mein
Zutrauen zu mir selbst — bißchen stärktest... Nein — da
werd' ich nur immer kleingemacht — immer klein — immer
geduckt werd' ich. Ich bild' mir weiß Gott nichts ein
auf meinen großen Horizont. Aber ich bin eben nicht ge-
fühllos. — Nee wahrhaftig, ich bin kein Licht. Überhaupt:
ich hab's schon lange gemerkt, daß ich ziemlich überflüssig bin.

JOHANNES *will ihre Hand fassen, Käthe entzieht sie ihm.* Du
bist nicht überflüssig: das hab' ich nie gesagt.

FRAU KÄTHE. Das hast du vorhin erst gesagt. Aber wenn du's
auch nicht gesagt hättest, ich fühl's ja doch selbst: — dir
kann ich nichts sein, denn deine Arbeit versteh' ich nicht.
Und der Junge... na ja! Dem gibt man seine Milch, man
hält'n sauber... aber das kann 'ne Magd auch machen, und
später... später kann ich'm doch nichts mehr bieten. *Wieder
stärker weinend.* Da wär' er — bei Fräulein Anna viel besser
aufgehoben.

JOHANNES. Du bist wohl... aber liebes Käthchen!

FRAU KÄTHE. Aber — ich sag' ja nur so. Es ist doch wahr. Sie
hat doch was gelernt. Sie versteht doch was. Wir sind ja
die reinen Krüppel. Wie soll man denn da jemand anders
eine Stütze sein, wenn man nicht mal...

JOHANNES, *voll Glut und Liebe, will Käthe umarmen.* Käthchen! Du goldnes, goldnes Geschöpf! Du hast ein Herz
wie... Du tiefes, tiefes Märchenherz du! Oh, du mein süßes
Wesen! *Sie drängt ihn von sich, er stammelt.* Ich will ehrlos
sein, wenn ich... Ich bin roh und schlecht manchmal! Ich
bin deiner nicht wert, Käthe!

FRAU KÄTHE. Ach nein — nein Hannes! — Das sagst du bloß
so, jetzt, das...

JOHANNES. Wahrhaftig, Käthchen! — Ich will ein Schuft sein,
wenn ich...

→ bank have written to ask if they should sell
shares – have no money left
48 EINSAME MENSCHEN

FRAU KÄTHE. Laß mich, Hannes! Ich muß denken. -- Und der Brief, der Brief!

JOHANNES. Ach, dummes Käthchen, was mußt du denn denken?

FRAU KÄTHE. Es stürmt so viel auf mich ein. Laß! Laß sein!

JOHANNES, *heiß*. Ach, laß jetzt den Brief! Du mein süßes, süßes Weib du!

FRAU KÄTHE. Nein, mein Hannes! Nein. *Sie hält ihn von sich.*

JOHANNES. Aber wie bist du denn!

FRAU KÄTHE. Komm, Hannes! Sieh dir's mal an. *Sie hält ihm den Brief hin.* Er frägt, ob er verkaufen soll.

JOHANNES. Welche Papiere?

FRAU KÄTHE. Die Spinnereiaktien. shares in spinning mill

JOHANNES. Langen denn die Zinsen nicht?

FRAU KÄTHE. Wo denkst du hin! Wir haben diesen Monat wieder über tausend Mark verbraucht.

JOHANNES. Aber Käthe! Das ist ja fast gar nicht möglich! Kinder, Kinder! seid ihr mir auch sparsam genug?!

FRAU KÄTHE. Es ist alles notiert, Hannes.

JOHANNES. Das ist mir rein unfaßlich.

FRAU KÄTHE. Du gibst zu viel fort, Hannes. Da schmilzt es eben zusammen, das Kapital. Soll er nun verkaufen?

JOHANNES. Ja, ja — natürlich. — Wart nur ab! Überhaupt — es hat gar nichts auf sich. — Wo gehst du hin?

FRAU KÄTHE. Antwort schreiben.

JOHANNES. Käthe!

FRAU KÄTHE, *Wendung in der Tür*. Wie, Hannes?

JOHANNES. Willst du wirklich so gehn?

FRAU KÄTHE. Was denn?

JOHANNES. Ich weiß auch nicht, was.

FRAU KÄTHE. Was willst du denn?

JOHANNES. Käthchen, ich weiß nicht, was mit dir ist?

FRAU KÄTHE. Gar nichts, Hannes. Nein, wirklich.

JOHANNES. Magst du mich nicht mehr?

FRAU KÄTHE *senkt den Kopf und schüttelt ihn verneinend*.

JOHANNES, *den Arm um Käthe*. Weißt du nicht, Käthchen, daß wir von vornherein ausgemacht haben: kein Geheimnis voreinander? Nicht das kleinste. — *Er umarmt sie heftiger*. Sag doch was! — Hast du mich nicht mehr lieb, Käthchen?

FRAU KÄTHE. Ach, Hannes! Das weißt du doch.

JOHANNES. Aber was ist dir denn da?

FRAU KÄTHE. Du weißt ja.

JOHANNES. Was denn nur? Ich weiß nichts. Keine Ahnung habe ich.

FRAU KÄTHE. Ich möchte dir was sein können.

JOHANNES. Aber du bist mir viel.

FRAU KÄTHE. Nein, nein!

JOHANNES. Aber, so sag mir doch...

FRAU KÄTHE. Du kannst ja nichts dafür, Hannes, aber — ich genüge dir nicht.

JOHANNES. Du genügst mir. Du genügst mir völlig.

FRAU KÄTHE. Das sagst du jetzt.

JOHANNES. Das ist meine heilige Überzeugung.

FRAU KÄTHE. Jetzt, im Augenblick.

JOHANNES. Aber woraus willst du denn schließen, daß...?

FRAU KÄTHE. Das seh' ich ja.

JOHANNES. Käthchen, hab' ich dir je Grund gegeben...?

FRAU KÄTHE. Nein, niemals.

JOHANNES. Nun siehst du! *Umarmt sie inniger.* Das sind Grillen. Böse Grillen, Käthchen, die man verjagen muß. Komm, komm! *Er küßt sie innig.*

FRAU KÄTHE. Ach, wenn es nur Grillen wären!

JOHANNES. Verlaß dich drauf.

FRAU KÄTHE. Und — ich hab' dich ja auch — so furchtbar lieb, Hannes! — So ganz unsagbar. Eher könnt' ich noch Philippchen hergeben, glaub' ich.

JOHANNES. Aber, Käthchen!

FRAU KÄTHE. Gott verzeih' mir's! — Der kleine, liebe, drollige Kerl. *An Johannes' Halse.* Du Lieber! Guter! *Pause stummer Umarmung.*

Fräulein Anna, zur Kahnfahrt angezogen, öffnet die Verandatür.

FRÄULEIN ANNA *ruft herein.* Herr Doktor! Ach, verzeihen Sie! *Sie zieht den Kopf zurück.*

JOHANNES. Gleich, gleich, Fräulein. *Er nimmt sein Manuskript,* Wir fahren Kahn, Käthchen! — Und keine Grillen mehr. versprich mir's! *Er küßt sie zum Abschied, nimmt den Hut, wendet sich im Abgehen.* Kommst du etwa mit, Käthchen?

FRAU KÄTHE. Ich kann nicht fort, Hannes!

JOHANNES. Also Wiedersehen! *Ab.*

FRAU KÄTHE *sieht ihm starr nach, wie jemand, der eine schöne Erscheinung in nichts zerfließen sieht. Ihre Augen füllen sich mit Tränen.*

DRITTER AKT

Zeit: Morgens gegen zehn Uhr. Auf dem Schreibtisch brennt
noch die Lampe. Frau Käthe sitzt dabei, in Rechnungen ver-
tieft. Draußen auf der Veranda tritt sich jemand die Schuhe ab.
Käthe erhebt sich halb und wartet gespannt. Braun tritt ein.

FRAU KÄTHE, *ihm entgegen.* Ach! — Sehen Sie, das ist freundlich von Ihnen.

BRAUN. Guten Morgen. Ein schauderhaftes Nebelwetter.

FRAU KÄTHE. Es wird gar nicht Tag heut. Kommen Sie hierher. Der Ofen glüht. — Hat Ihnen Frau Lehmann aus-
gerichtet?

BRAUN. Ja, sie war bei mir.

FRAU KÄTHE, *von jetzt ab entgegen ihrem sonstigen ruhigen*
Wesen seltsam lebendig und nervös eifrig. Sie echauffiert sich.
Ihre Augen leuchten mitunter. Auf ihre blassen, abgezehrten
Wangen tritt zarte Röte. Warten Sie! Ich bringe Zigarren.

BRAUN. Aber bitte! — Nein, nein! *Er eilt Käthe nach und*
kommt ihr zuvor, als sie sich bemüht, eine Zigarrenkiste vom
Bücherschrank herunterzulangen.

FRAU KÄTHE. Nun müssen Sie sich's gemütlich machen.

BRAUN, *mit Blick auf Käthe.* Aber ich möchte nicht rauchen.

FRAU KÄTHE. Tun Sie's mir zu Gefallen. Ich rieche den Rauch
so gern.

BRAUN. Wenn das ist, dann... *Er setzt die Zigarre in Brand.*

FRAU KÄTHE. Sie müssen ganz so ungeniert wie früher sein. —
Und nun, Sie böser Mensch! Weshalb sind Sie nun über
eine Woche nicht bei uns gewesen?

BRAUN. Ich dachte, Hannes braucht mich nicht mehr.

FRAU KÄTHE. Aber wie können Sie...?

BRAUN. Er hat nun doch Fräulein Anna Mahr.

FRAU KÄTHE. Wie können Sie das nur sagen!

BRAUN. Er pfeift doch auf seine Freunde.

FRAU KÄTHE. Sie kennen doch seine Heftigkeit. Das ist ja
doch nicht sein Ernst.

BRAUN. O doch. Und ich weiß auch sehr gut, wer ihn nach
dieser Richtung hin beeinflußt. Überhaupt, die Mahr
mag eine kluge Person sein, aber das steht fest: zäh und
egoistisch, rücksichtslos; wo sie Ziele verfolgt. Vor mir
hat sie Furcht. Sie weiß ganz gut, daß sie mir nichts vor-
macht.

→ B. thinks A. is using J. for something

FRAU KÄTHE. Aber was sollte sie denn für ein Ziel...?

BRAUN. Sie braucht ihn, wer weiß zu was. Ich passe ihr nicht.
Mein Einfluß paßt ihr nicht.

FRAU KÄTHE. Aber ich hab' wirklich nie bemerkt...

BRAUN *erhebt sich*. Ich dränge mich nicht auf. Auf Hannes'
Bitten hin bin ich hier rausgezogen. Wenn ich überflüssig
bin, gehe ich wieder.

FRAU KÄTHE, *schnell und mit Ausdruck*. Anna reist heut.

BRAUN. So?! Also reist sie?! *→ Anna's leaving*

FRAU KÄTHE. Ja. Und deshalb, Herr Braun, wollt' ich Sie
eben bitten... Es wäre so schrecklich für Hannes, wenn er
nun auf einmal gar niemand mehr hätte. Sie müssen wieder
zu uns kommen, Herr Braun. Tragen Sie ihm nichts nach:
ich meine die Schroffheit von neulich. Wir kennen ihn ja.
Wir wissen ja, wie gut er im Grunde ist.

BRAUN. Ich bin gewiß nicht empfindlich, aber...

FRAU KÄTHE. Nun gut. Dann bleiben Sie bei uns. Gleich heut!
Den ganzen Tag.

BRAUN. Ich könnte höchstens wiederkommen.

FRAU KÄTHE. Aber so, daß Sie zum Abschied hier sind. Passen Sie auf, es wird jetzt hübsch bei uns. Ich hab' auch
manches einsehen gelernt. Wir wollen einen recht ruhigen
und schönen Winter durchmachen. — Und was ich noch
gleich mit fragen wollte, — *wie scherzend* — ich muß nämlich
Geld verdienen. — Ja, ja! im Ernst! Sind wir denn nicht
auch zum Arbeiten geschaffen, wir Frauen?

K. thinks she needs to earn money

BRAUN. Wie kommen Sie denn plötzlich auf so eine Idee?

FRAU KÄTHE. Es macht mir mal Spaß, Herr Braun!

BRAUN. Geld verdienen ist leicht gesagt.

FRAU KÄTHE. Na, ich kann zum Beispiel Porzellan malen. Das
Service ist von mir. Oder wenn das nicht geht — sticken.
Wissen Sie, so in Wäsche — schöne Namenszüge. *embroider*

BRAUN. Aber Sie machen doch nur Spaß natürlich.

FRAU KÄTHE. Na, wer weiß.

BRAUN. Wenn Sie mir nicht eine Erklärung geben, weiß ich
wirklich nicht...

FRAU KÄTHE, *sich vergessend*. Können Sie schweigen? — Ach
nein! Kurz und gut: es treten Anforderungen an den Menschen... Wir sind alle nicht Naturen, die rechnen können.

BRAUN. Am wenigsten Hannes.

FRAU KÄTHE. Ach nein... das heißt: man darf auch darin
nicht peinlich sein. Man muß eben sorgen, daß genug da ist.

BRAUN. Wenn Sie so viel glauben verdienen zu können...
Das ist von vornherein verlorene Liebesmüh'.

FRAU KÄTHE. Aber vierhundert Taler doch vielleicht im Jahr.

BRAUN. Vierhundert Taler?! Kaum. — Warum denn gerade
vierhundert?

FRAU KÄTHE. Die müßt' ich haben.

BRAUN. Ist etwa Hannes wieder mal in seiner grenzenlosen
Güte mißbraucht worden?

FRAU KÄTHE. Nein, keinesfalls.

BRAUN. Soll etwa Fräulein Anna unterstützt werden?

FRAU KÄTHE. Nein, nein, nein! Was denken Sie! Wie kommen Sie auf so was! — Ich sage nichts mehr. Kein Wort,
Herr Braun!

BRAUN *nimmt seinen Hut.* Na, jedenfalls kann ich unmöglich
die Hand dazu reichen. Das wäre ja wirklich...

FRAU KÄTHE. Nun gut, gut! Lassen Sie die Sache nur ruhn!
Aber Sie kommen wieder?

BRAUN, *bevor er geht.* Gewiß, natürlich. — Ist es denn wirklich
Ernst, Frau Käthe?

FRAU KÄTHE *will lachen, bekommt Tränen in die Augen.* Ach
wo! Ich spaße! *Winkt ihm heftig und halb scherzhaft ab.*
Gehen Sie! Gehen Sie! *Ihrer Bewegung nicht mehr Herr,
flieht sie ins Schlafzimmer. Braun nachdenklich ab.*
*Frau Vockerat, im Arm eine Schüssel mit Bohnen, setzt sich
an den Tisch und schneidet sie. Frau Käthe kommt zurück,
begibt sich an den Schreibtisch.*

FRAU VOCKERAT *schüttelt die Bohnen in der Schüssel.* 's is
ganz gut, daß nu wieder mal Ruhe wird. — Nicht, Käthel?

FRAU KÄTHE, *über Rechnungen gebeugt.* Laß mich! Ich muß
denken, Mutti!

FRAU VOCKERAT. Ach so! — Laß dich nicht stören. — Wo
fährt sie denn hin, eigentlich?

FRAU KÄTHE. Nach Zürich, glaub' ich.

FRAU VOCKERAT. Na ja, da mag se auch besser hinpassen.

FRAU KÄTHE. Wieso denn, Muttchen? Sie gefiel dir doch,
denk' ich.

FRAU VOCKERAT. I nee, nee, sie gefällt mir nicht; se is mir zu
modern.

FRAU KÄTHE. Aber Muttchen!

FRAU VOCKERAT. Und das is überhaupt auch keine Art. 'n
junges Mädchen, die darf nicht drei Tage rumlaufen mit'm
großen Loch im Ärmel.

Johannes, im Hut, von der Veranda. Er will eilig in sein Studierzimmer.

FRAU KÄTHE. Hannes!

JOHANNES. Ja.

FRAU KÄTHE. Soll ich mit zur Bahn?

JOHANNES *zuckt die Achseln.* Das mußt du doch selbst wissen. *Ab ins Studierzimmer. Kleine Pause.*

FRAU VOCKERAT. Was hat er denn wieder? *Sie ist fertig mit Bohnenschneiden und erhebt sich.* Nee wirklich. 's is Zeit, daß wieder mal Ruhe wird. — Die Leute reden ja auch drüber.

FRAU KÄTHE. Worüber denn?

FRAU VOCKERAT. Ich weiß weiter nichts. Ich sag' ja nur... Und dann kost's doch immer Geld.

FRAU KÄTHE. Ach, Muttchen, ob für drei Personen gekocht wird oder für viere, das spricht doch nicht mit.

FRAU VOCKERAT. I, Brinkel machen Brot, Käthchen. *Johannes kommt, setzt sich, schlägt die Beine übereinander und blättert in einem Buch.*

JOHANNES. Unverschämtes Beamtenpack. So'n Bahnhofs-inspektor: saufen, saufen, den ganzen Tag saufen. Und grob dabei wie... äh!

FRAU KÄTHE. Wenn geht der beste Zug? Ärgre dich nicht, Hannes!

JOHANNES. Schauderhaftes Nest überhaupt. *Schlägt das Buch geräuschvoll zu, springt auf.* Ich bleib' auch nicht hier.

FRAU VOCKERAT. Na Junge, du hast doch vier Jahre gemietet.

JOHANNES. Da soll ich wohl nu hier ruhig verkommen, weil ich nun mal unglücklicherweise die Dummheit begangen habe, auf vier Jahre zu mieten?

FRAU VOCKERAT. Du wollt'st doch immer aufs Land. Kaum biste draußen 'n halbes Jahr, nu verkommste wieder.

JOHANNES. In der Schweiz is auch Land.

FRAU VOCKERAT. Und der Junge? Was wird denn aus dem? Wollt ihr den mit in der Welt rumschleppen?

JOHANNES. In der Schweiz ist's gesünder zu leben wie hier, auch für Philippchen.

FRAU VOCKERAT. Na Junge, du wirst wohl nächstens noch nach dem Monde verziehen. Macht meinswegen, was ihr wollt. Auf mich alte Person braucht'r weiter keine Rück-sicht zu nehmen. *Ab auf den Flur. Kleine Pause.*

JOHANNES *seufzt.* — Kinder, nehmt euch in acht, sag' ich euch.

FRAU KÄTHE. Wie bist du denn auf die Schweiz verfallen?

JOHANNES. Ja, ja, mach nur ein recht frommes Gesichtchen! *Er äfft sie nach.* »Wie bist du denn auf die Schweiz verfallen?« Du, hör mal, das kenn' ich, das is so hintenherum statt geradaus. Ich weiß schon, was du meinst. Du hast ganz recht. Ich möchte gern dort sein, wo Fräulein Anna ist. Das ist doch ganz natürlich. Das kann man doch offen heraus sagen.

FRAU KÄTHE. Hannes — du bist so seltsam heut. So seltsam... Da geh' ich lieber.

JOHANNES, *schnell.* Ich kann ja auch gehen. *Ab über die Veranda.*

FRAU KÄTHE, *seufzend und kopfschüttelnd für sich.* O Gott — Gott...

Fräulein Anna kommt, legt Hut, Täschchen, Mantel auf den Stuhl.

FRÄULEIN ANNA. Fertig bin ich. *Zu Käthe gewendet.* Nun hat man noch Zeit — wie lange —?

FRAU KÄTHE. Dreiviertel Stunden mindestens.

FRÄULEIN ANNA. Ach! — Ich bin recht gern bei euch gewesen. *Nimmt Käthes Hand.*

FRAU KÄTHE. Die Zeit vergeht.

FRÄULEIN ANNA. Nun werd' ich mich ganz und gar einspinnen in Zürich. Arbeiten, arbeiten, sonst will ich nichts sehen.

FRAU KÄTHE. Nimmst du'n Butterbrot?

FRÄULEIN ANNA. Nein, danke. Nicht essen! *Kurze Pause.* Wenn nur erst die Begrüßungen vorüber wären. Entsetzlich geradezu. Alle die vielen Freunde — und das Fragen! brrr. *Sie schüttelt sich wie im Frost.* — Wirst du mir manchmal schreiben?

FRAU KÄTHE. O ja! aber bei uns passiert nicht viel.

FRÄULEIN ANNA. Wirst du mir dein Bild schenken?

FRAU KÄTHE. Ja, gern, — *sie kramt in einem Schreibtischschub* — aber es ist alt.

FRÄULEIN ANNA, *sie klopft ihr leicht auf den Nacken. Fast mitleidig.* Du dünnes Hälschen du!

FRAU KÄTHE, *noch suchend, wendet sich. Mit wehmütigem Humor.* Er hat nicht viel Gescheits zu tragen, Anna! — Da — ist sie. *Sie reicht Anna eine Photographie.*

FRÄULEIN ANNA. Sehr schön, sehr schön! Hast du vielleicht von deinem Manne eine? — Ich hab' euch alle so liebgewonnen.

FRAU KÄTHE. Ich weiß nicht mal.

FRÄULEIN ANNA. Ach, liebes Käthchen, suche, suche! — Ist eine? — Ja?

FRAU KÄTHE. Da ist noch eine.

FRÄULEIN ANNA. Soll ich sie haben?

FRAU KÄTHE. Ja, Anna, nimm sie.

FRÄULEIN ANNA *steckt das Bildchen hastig zu sich*. Und nun — nun werd' ich bald von euch vergessen sein. — Ach, Käthchen! Käthchen! *Sie fällt ihr weinend um den Hals*.

FRAU KÄTHE. Nein, Anna — ich will mich — gewiß, Anna! — ich will mich deiner immer erinnern und...

FRÄULEIN ANNA. Mich liebbehalten?

FRAU KÄTHE. Ja, Anna! Ja!

FRÄULEIN ANNA. Hast du mich n u r lieb?

FRAU KÄTHE. Wie? Nur.

FRÄULEIN ANNA. Bist du nicht auch ein wenig froh, Käthe, daß ich nun gehe?

FRAU KÄTHE. Wie meinst du denn?

FRÄULEIN ANNA *hat Käthe wieder ganz freigegeben*. Ja, ja! Es ist gut, daß ich gehe. Auf jeden Fall. Mama Vockerat sieht mich auch nicht mehr gern.

FRAU KÄTHE. Das glaub' ich nicht...

FRÄULEIN ANNA. Du kannst mir's glauben. *Sie läßt sich am Tisch nieder*. Was nützt das alles! *Sie vergißt sich, zieht die Photographie hervor und vertieft sich hinein*. Er hat einen so tiefen Zug um den Mund.

FRAU KÄTHE. Wer?

FRÄULEIN ANNA. Hannes. — Eine richtige Gramfalte. Das kommt vom Alleinsein. Wer allein ist, der muß viel leiden von den andern. — Wie lerntet ihr euch kennen?

FRAU KÄTHE. Ach, das war...

FRÄULEIN ANNA. Er war noch Student?

FRAU KÄTHE. Ja, Anna.

FRÄULEIN ANNA. Du warst noch sehr jung, und da sagtest du ja?

FRAU KÄTHE, *rot und verlegen*. Das heißt, ich...

FRÄULEIN ANNA, *gleichsam gepeinigt*. Ach Käthchen, Käthchen! *Sie steckt das Bild zu sich, erhebt sich*. Hab' ich noch Zeit?

FRAU KÄTHE. Noch lange.

FRÄULEIN ANNA. Lange? Gott, lange! *Sie läßt sich am Klavier nieder*. Du spielst nicht? *Käthe schüttelt den Kopf*. Und singst nicht? *Käthe schüttelt wieder den Kopf*. Und Hannes

liebt die Musik? Nicht? — Ich habe gespielt und gesungen —
früher. Nun längst nicht mehr. *Sie springt auf.* Einerlei!
Was man genossen hat, hat man genossen. Man muß sich
begnügen. Über den Dingen liegt ein Duft, ein Hauch: das
ist das Beste. Nicht wahr, Käthe?

FRAU KÄTHE. Das weiß ich nicht.

FRÄULEIN ANNA. Es ist nicht so alles bloß Süße und Süße
durch und durch, was süß duftet.

FRAU KÄTHE. Das kann wohl sein.

FRÄULEIN ANNA. So ist's in Wahrheit. — Ach!! Freiheit!!
Freiheit!! Man muß frei sein in jeder Hinsicht. Kein Vater-
land, keine Familie, keine Freunde soll man haben. — Jetzt
muß es Zeit sein.

FRAU KÄTHE. Noch nicht, Anna. *Kleine Pause.*

FRÄULEIN ANNA. Ich komme zu früh nach Zürich. Acht volle
Tage zu früh.

FRAU KÄTHE. So?

FRÄULEIN ANNA. Wenn nur die Arbeit erst wieder anfängt.
Plötzlich schluchzend an Käthes Halse. Ach Gott! mir ist
herzbrechend weh und bange.

FRAU KÄTHE. Du Arme, Arme!

FRÄULEIN ANNA, *sich hastig frei machend.* Aber ich m u ß fort.
Ich m u ß. *Kleine Pause.*

FRAU KÄTHE. Anna — wenn du nun gehst — willst du mir dann
nicht einen Rat geben?

FRÄULEIN ANNA, *traurig, fast mitleidig lächelnd.* Liebes Käthchen.

FRAU KÄTHE. Du hast es verstanden... Du hast so wohltätig
auf ihn eingewirkt.

FRÄULEIN ANNA. Hab' ich das? Hab' ich das wirklich?

FRAU KÄTHE. Ja, Anna. — Und sieh mal — auch auf mich.
Ich bin dir Dank schuldig in vielen Stücken. Ich habe nun
auch den festen Willen... Rate mir, Anna.

FRÄULEIN ANNA. Ich kann dir nicht raten. Ich fürchte mich,
dir zu raten.

FRAU KÄTHE. Du fürchtest dich?

FRÄULEIN ANNA. Ich hab' dich viel zu lieb, viel zu lieb, Käthchen!

FRAU KÄTHE. Ach, wenn ich für dich etwas tun könnte, Anna!

FRÄULEIN ANNA. Das darfst du nicht — kannst du nicht.

FRAU KÄTHE. Vielleicht doch. Vielleicht weiß ich, was du
leidest.

FRÄULEIN ANNA. Was leide ich denn, Närrchen?

FRAU KÄTHE. Ich könnte es sagen, aber...

FRÄULEIN ANNA. Lirum larum, was leide ich denn! Komm, komm! Ich bin hergekommen, ich gehe wieder. Es ist ja gar nichts geschehen. Siehst du, nun scheint sogar die liebe Sonne wieder. Machen wir einen Rundgang zu guter Letzt. So oder so, Hunderten und Tausenden geht es nicht besser – oder... Da fällt mir ein – ich muß noch schnell ein paar Worte aufsetzen.

FRAU KÄTHE. Das kannst du hier tun. *Macht Platz am Pult.* Aber nein. Tinte und Feder sind drin – in Hannes' Zimmer. Er ist nicht drin. Geh ruhig, Anna! *Sie läßt Anna durch die Tür und bleibt zurück. Kleine Pause.*

JOHANNES, *von draußen herein, unruhiger als vorher.* Es fängt wieder an zu regnen. – Wir hätten einen Wagen bestellen sollen.

FRAU KÄTHE. Nun ist's zu spät dazu.

JOHANNES. Ja leider.

FRAU KÄTHE. Braun war hier.

JOHANNES. Das läßt mich ziemlich kalt. Was hat er denn gewollt?

FRAU KÄTHE. Er wird wieder zu uns kommen, und es soll alles zwischen euch wieder wie früher sein.

JOHANNES *lacht kurz.* Kurios! Das soll mich locken? – Könnten wir nicht noch schicken – schnell? – Ach, überhaupt...

FRAU KÄTHE. Nach einem Wagen, Hannes? 's is ja nicht weit bis zum Bahnhof.

JOHANNES. Aber aufgeweicht, kaum zum Durchkommen. Überhaupt das denkbar ungünstigste Reisewetter.

FRAU KÄTHE. Ach, wenn sie nur erst im Coupé sitzt.

JOHANNES. Womöglich recht überfüllt, dritter Klasse, mit nassen Füßen.

FRAU KÄTHE. Sie wird wohl ins Damencoupé steigen.

JOHANNES. Gib ihr nur wenigstens den großen Fußsack mit.

FRAU KÄTHE. Ja, ja! Du hast recht. Ich hab' auch schon dran gedacht.

JOHANNES. Ach überhaupt – die ganze Sache ist so übers Knie gebrochen.

FRAU KÄTHE *antwortet nicht.*

JOHANNES. Sie bliebe gewiß gern noch'n paar Tage.

FRAU KÄTHE, *nach einer kleinen Pause.* Aber du hast's ihr ja vorgestellt.

JOHANNES, *heftiger*. Ich wohl, aber ihr nicht. Du und Mutter!
Ihr habt geschwiegen dazu, und das hat sie wohl gemerkt.

FRAU KÄTHE. Ach das... Nein... Ich glaube doch nicht, Hannes...

JOHANNES. Und wenn zwei so dabeistehen — so stumm wie
die Fische, — da vergeht einem auch die Lust, da verzichtet
man schließlich lieber. — Eigentlich ist's mir peinlich, daß
wir sie so in Nacht und Nebel fortschicken.

FRAU KÄTHE, *sich ihm nähernd in schüchterner Zärtlichkeit*.
Nein, Hannes! Sieh doch die Sache nicht so falsch an. Und
denk doch nicht immer so schlecht von mir! Von Fortschicken ist doch keine Rede, Hannes!

JOHANNES. Ihr seid eben nicht feinfühlig genug. Ihr seid eben
blind. Mir macht es den Eindruck, als ob wir ihr geradezu
den Stuhl vor die Tür setzen. Geradezu. »Du bist jetzt
genug hier gewesen, nun geh! — Nun geh, wohin du willst.
In die Welt, in die Ferne! Sieh, ob du fortkommst! Sieh,
ob du schwimmen kannst.« So kommt mir's vor, Käthe.
So'n kaltes Bedauern leistet man sich höchstens noch: das
ist alles!

FRAU KÄTHE. Nein, Hannes! Vor Mangel haben wir sie nun
doch auch sichergestellt.

JOHANNES. Weißt du denn, ob sie's annimmt? Und dann ist
damit auch verdammt wenig getan. Für Lieblosigkeit kann
sie das Geld nicht entschädigen.

FRAU KÄTHE. Aber Hannes! einmal muß sie doch fort.

JOHANNES. So sagen die Philister, Käthe. Sie ist hier gewesen,
sie ist unsere Freundin geworden, und nun, sagen die Philister, müssen wir uns wieder trennen. Das versteh' ich
nicht. Das ist der verfluchte Nonsens, der einem überall in
die Quere kommt, der einem überall das Leben verpfuscht.

FRAU KÄTHE. Willst du denn, daß sie noch dableibt?

JOHANNES. Ich will gar nichts. Ich sage nur so viel, daß es
eine... daß unsere Denkungsweise gerade so ärmlich und
engbrüstig ist wie jede Philisterdenkungsweise. Und wenn
es nach mir ginge — so viel weiß ich! —, wenn ich nicht
durch allerhand kleinliche Rücksichten förmlich gefesselt
wäre, ich würde mich anders mit diesen Dingen abzufinden
wissen, ich würde mich anders rein halten innerlich, würde
anders vor mir selbst dastehen als jetzt. Verlaßt euch drauf!

FRAU KÄTHE. Aber weißt du, Hannes! — da komm' ich mir —
wirklich bald — ganz überflüssig vor.

JOHANNES. Das versteh' ich nicht.

FRAU KÄTHE. Wenn du — mit mir allein — nicht zufrieden bist.

JOHANNES. Herr Gott! Vater im Himmel! Nein — wirklich — wahrhaftig — weißt du! — das fehlte mir noch. Meine Nerven sind auch keine Schiffstaue. Das kann ich unmöglich jetzt noch vertragen. *Wieder ab in den Garten.*

FRAU VOCKERAT *bringt eine Tasse Bouillon, setzt sie auf den Tisch.* Da — fürs Fräulein.

FRAU KÄTHE, *verzweifelt ausbrechend, eilt schluchzend auf Frau Vockerat zu; fällt ihr schluchzend und stammelnd um den Hals.* Mutterchen — Mutterchen! Ich muß fort — fort von hier — fort aus diesem Hause — fort von euch allen. — Das ist zu viel, zu viel, Mutterchen!

FRAU VOCKERAT. Aber um Gott! Kindchen — was...? Wie...? Wer hat dir denn...?

FRAU KÄTHE, *verwandelt, entrüstet.* Nein, dazu bin ich zu gut. Zum Wegwerfen bin ich zu gut. Ich werfe mich nicht weg! Dazu bin ich mir denn doch viel zu gut. Mutterchen, ich reise augenblicklich. Mit dem Schiff — nach Amerika — nur fort, fort — nach England — wo kein Mensch mich kennt, wo...

FRAU VOCKERAT. Aber Kindel! — nach Amerika — barmherziger Vater! Aber was ist denn in dich gefahren? Willst du denn von deinem Manne fort, von deinem Kinde fort? Soll denn Philippchen ohne Mutter aufwachsen? Das kann ja nicht möglich sein!

FRAU KÄTHE. Ach was denn »Mutter«! Eine dumme, borierte Person hat er zur Mutter. Was soll ihm eine dumme, beschränkte Person nützen, wie ich! Ich weiß ja nun, wie ganz dumm und beschränkt ich bin. Sie haben mir's ja gesagt, Tag für Tag. Sie haben mich ja nun glücklich so klein und erbärmlich gemacht, daß ich mir selber zum Ekel bin. Nein, nein! fort, fort!

FRAU VOCKERAT. Aber Käthchen, bedenkst du denn... Von Mann und Kind... Ich bitte dich um Gottes und Jesu willen.

FRAU KÄTHE. Hab' ich ihn denn überhaupt jemals besessen? Erst haben ihn die Freunde gehabt, jetzt hat ihn Anna. Mit mir allein ist er nie zufrieden gewesen. Ich verfluche mein Leben. Ich habe es satt, das verfluchte Dasein.

FRAU VOCKERAT, *nun ihrerseits ekstatisch ausbrechend, wie unter dem Eindruck einer plötzlichen Erleuchtung. Ihre Augen*

*werden starr und leuchtend, ihre Wangen abwechselnd bleich
und rot.* Seht ihr! seht ihr! *Sie weist mit dem Finger ins
Leere.* Seht ihr nun! Seht ihr! was hab' ich gesagt! Seht
ihr! Ein Haus, hab' ich gesagt, aus dem der liebe Gott ver-
jagt ist, bricht über Nacht zusammen. Seht ihr! Irret euch
nicht! Seht ihr nun? Was hab' ich gesagt? Erst Gottes-
leugner, dann Ehebrecher, dann... Käthchen!

FRAU KÄTHE, *mit einer Ohnmacht kämpfend.* Nein, Mutter!
Nein, nein, Mutter! Ich... Ich...

FRAU VOCKERAT. Käthchen! — nimm dich zusammen, komm!
Es kommt jemand. Komm! *Ab mit Käthe ins Schlafzimmer.
Johannes kommt von der Veranda herein. Frau Vockerat
öffnet die Schlafstubentür.*

FRAU VOCKERAT. Ach, du bist's, Hannes! *Sie kommt heraus,
ihre hochgradige Erregung mit aller Gewalt unterdrückend.
Sie gibt sich den Anschein, als ob sie etwas im Zimmer suche.*
Nu, Junge?

JOHANNES. Was denn, Mutter?

FRAU VOCKERAT. Nichts. *Da Johannes sie fragend ansieht.* Was
meinst du denn?

JOHANNES. Es machte mir nur so den Eindruck, als ob du...
Ich muß sagen: ich hab's nicht gern, wenn ihr ein immer
so beobachtet.

FRAU VOCKERAT. Junge, Junge! für dich ist's gut, daß der
Winter kommt. Dein Zustand ist derart... Du bist früher
zu mir nie so häßlich gewesen. Du mußt vor allem Ruhe
haben.

JOHANNES. Ja, ja! Ihr wißt ja immer besser als ich, was mir
gut ist.

FRAU VOCKERAT. Na und überhaupt, Käthe ist auch noch
gar nicht so recht auf'm Posten.

JOHANNES. Na, Anna hat ihr wirklich nicht viel zu schaffen
gemacht.

FRAU VOCKERAT. Wenn auch. Aber ich bin eben auch schon
'ne alte Frau — und wenn man auch immer gern möchte
alles machen, die alten Knochen wollen halt doch manchmal nicht mehr.

JOHANNES. Das hast du gar nicht nötig, das hab' ich dir hundertmal gesagt. Es gibt Dienstleute genug im Hause.

FRAU VOCKERAT. Aber das Fräulein muß doch nu auch endlich wieder mal in ihre Arbeit.

JOHANNES. Das is ja ihre Sache.

FRAU VOCKERAT. Nee, ich seh' nicht ein! Alles mit Maß. Es is nu wieder mal genug. Sie is lange genug hier gewesen.

JOHANNES. Was willst du denn eigentlich? Das ist mir alles so sonderbar, so... ich weiß gar nicht...

FRAU VOCKERAT. Du willst die Mahr auffordern, noch zu bleiben, und...

JOHANNES. Das werd' ich sogar. Das werd' ich allerdings tun. Allerdings werd' ich das... Hast du was dagegen, Mutter?

FRAU VOCKERAT, *ihm ins Gesicht drohend.* Junge, Junge! —

JOHANNES. Nein, Mutter! das ist ja wirklich... weiß Gott, als ob man ein Verbrechen begangen hätte. Das ist schon nicht mehr...

FRAU VOCKERAT, *eindringlich gütig.* Junge! Sei mal vernünftig! Komm! Hör mich mal ruhig an! Ich bin doch deine Mutter. Ich mein's doch wirklich gut mit dir. Es gibt doch überhaupt keinen Menschen, der's besser mit dir meinte. Sieh mal, ich weiß ja, daß du einen ehrenhaften Charakter hast — aber wir sind schwache Menschen, Hannes, und... und Käthe macht sich Gedanken — und...

JOHANNES, *lachend.* Nimm mir's nicht übel, Muttel, ich muß lachen. Da kann ich wirklich nichts andres als lachen, Mutter! Das ist einfach lächerlich.

FRAU VOCKERAT. Junge, Junge! Es sind schon Stärkere in die Schlinge gefallen. Man merkt's oft erst, wenn's zu spät ist.

JOHANNES. Ach, Mutter! wenn euch wirklich dran liegt, daß ich meinen Verstand behalte, dann kommt mir um Gottes willen nicht noch mit solchen Sachen. Verwirrt mich nicht, macht mich nicht konfus. Suggeriert mir nicht Dinge, die... Treibt mich nicht in Verhältnisse, die mir fernliegen. Ich bitt' euch inständig, Kinder.

FRAU VOCKERAT. Du mußt ja wissen, was du tust, Hannes! Ich sage dir bloß: nimm dich in acht! *Frau Vockerat ab ins Schlafzimmer.*

Fräulein Anna kommt.

FRÄULEIN ANNA, *Hannes entdeckend.* Herr Doktor! *Sie geht nach dem Stuhle, auf welchem ihre Sachen liegen, und ergreift den Regenmantel, um ihn anzuziehn.* Nun wollen wir.

JOHANNES *springt herbei, ist ihr behülflich beim Anziehen.* Also doch?!

FRÄULEIN ANNA, *den Mantel zuknöpfend.* Und wovon Sie sprachen — das schicken Sie mir doch bald?

JOHANNES. Das vergess' ich nicht. Sehen Sie, Fräulein Anna,

nun könnt' ich doch wenigstens ein klein bißchen beruhig-
ter sein. Wollen Sie uns denn nicht das Freundschaftsrecht
einräumen?

FRÄULEIN ANNA. Das verletzt mich, Herr Doktor!

JOHANNES. Nun gut. Ich werde nicht mehr damit kommen.
Aber Sie versprechen mir — für jeden Notfall. Dürfen andre
mit Ihnen teilen, so wollen wir's nicht minder. *Er geht und
ruft in die Schlafstube.* Mutter! Käthe! *Käthe und Frau
Vockerat kommen.*

FRÄULEIN ANNA *küßt die Hand der Frau Vockerat.* Viel tausend Dank. *Käthe und Anna küssen sich innig.* Du Gute!
Liebe! — und schreib mal!

FRAU VOCKERAT. Lassen Sie sich's recht wohl ergehen!

FRAU KÄTHE. Ja — und leb... — *sie weint* — leb glücklich,
laß... *Sie kann nicht weiter vor Schluchzen.*

*Johannes trägt Annas Täschchen. Käthe und Frau Vockerat
begleiten sie ebenfalls auf die Veranda. Dort treffen sie auf
Braun, der sich verabschiedet. Man trennt sich. Frau Vockerat, Käthe und Braun bleiben auf der Veranda zurück. Käthe
winkt mit einem Taschentuch. Hierauf kommen sie zurück
ins Zimmer.* — Anna leaves with J.

FRAU VOCKERAT, *die still weinende Käthe tröstend.* Na, Kindel,
Kindel! Sei guten Muts! Sie wird's verwinden, sie ist jung.

FRAU KÄTHE. Die rührenden Augen, die sie hat. Ach, sie hat
so viel Schlimmes durchgemacht.

FRAU VOCKERAT. Wir wandeln alle nicht auf Rosen, Käthel.

FRAU KÄTHE. Ach, es gibt so viel Weh und Jammer auf der
Welt! *Ab ins Schlafzimmer. Kleine Pause.*

FRAU VOCKERAT. Da hat sie die Bouillon doch stehenlassen.
*Nimmt die Tasse, um sie hinauszutragen. Bleibt vor Braun
stehen.* Herr Braun! Ich muß Ihn'n sagen: in den letzten
zehn Minuten — wahrhaftig — da... da hab' ich etwas
durchgemacht. *Sie tut noch ein paar Schritte, wird dann
plötzlich von Schwäche übermannt und muß sich nieder-
setzen.* Jetzt fühl' ich's — es steckt mir in allen Gliedern.
Wie zerschlagen bin ich.

BRAUN. Ist etwas vorgefallen, Frau Vockerat?

FRAU VOCKERAT. Ich will ja zufrieden sein. Ich will ja gar
nichts sagen, wenn's noch so abläuft. Der liebe Gott hat
uns eben mal mit dem Finger gedroht — und ich — hab' ihn
verstanden — — Sie sind auch so ein Gottloser! Ja, ja!
aber glauben Sie einer alten, erfahrenen Frau, Herr Braun!

Ohne ihn kommt man nicht weit. Man stolpert und stürzt früher oder später. *Kleine Pause.* Ich fliege nur so — *Sie will aufstehn, ist aber noch zu erschöpft.* Es kommt nach. — Wer weiß, ob man nicht was davonträgt. *Sie horcht nach der Flurtür.* Wer ist denn da? — im Haus? Es geht doch jemand die Treppe. — Ach richtig! Wir wollen ja waschen. Die Mädchen weichen die Wäsche. — Nu ist Ruhe, nu kann doch wieder was getan werden. *Kleine Pause.* Sehen Sie, so einen Goldcharakter — so ein ehrenhafter, tadelloser Mensch wie Johannes... Sehen Sie, wohin es führt, wenn man auf die eigene Kraft pocht. Da heißt es immer so großartig: Ich habe eine Religion der Tat. Da sieht man's wieder mal. Der liebe Gott bläst sie um, unsre Kartenhäuser.

Johannes, echauffiert, nicht ganz sicher, tritt schnell ein durch die Flurtür.

JOHANNES. Kinder, sie bleibt! — *announces A. is staying!*

FRAU VOCKERAT, *ohne zu begreifen.* Wer — Hannes! — bleibt?

JOHANNES. Na, sie bleibt noch'n paar Tage, Mutter! Fräulein Anna natürlich.

FRAU VOCKERAT, *wie vom Schlage gerührt.* Fräulein Anna bl... Wo ist sie denn?

JOHANNES. In ihrem Zimmer ist sie, Mutter. Aber ich begreife nicht...

FRAU VOCKERAT. Also doch.

JOHANNES. Tut mir die Liebe und nehmt die Dinge nicht so ungeheuer schwülstig auf, es...

FRAU VOCKERAT *erhebt sich gebieterisch.* Hannes! hör mich mal an! *Mit Nachdruck.* Ich sage dir: die Dame hat hier nichts mehr zu suchen. Die Dame muß das Haus auf jeden Fall wieder verlassen. Ich verlange das unbedingt. *— does control-A.? must leave.*

JOHANNES. Mutter, in wessen Haus sind wir hier?

FRAU VOCKERAT. O du, das weiß ich. Sehr gut weiß ich das. Wir sind im Hause eines... eines pflichtvergessenen Menschen, der... und da du mich dran erinnerst, so — freilich, freilich! —, so kann ich ja dieser... dieser Person das Feld räumen.

JOHANNES. Mutter! Du sprichst in einem Tone von Fräulein Anna, den ich nicht dulden kann.

FRAU VOCKERAT. Und du sprichst in einem Tone mit deiner Mutter, der wider das vierte Gebot verstößt.

JOHANNES. Mutter, ich will mich mäßigen. Aber nehmet

einige Rücksicht auf meinen Seelenzustand. Es könnte sonst etwas eintreten... Wenn ihr mich treibt, ich könnte etwas tun, was ich nicht mehr ungeschehen machen könnte.

FRAU VOCKERAT. Wer Hand an sich selbst legt, ist verdammt in Zeit und Ewigkeit.

JOHANNES. Einerlei. Dann... dann habt ihr Grund, doppelt vorsichtig zu sein.

FRAU VOCKERAT. Ich wasche meine Hände in Unschuld. Ich reise ab.

JOHANNES. Mutter!

FRAU VOCKERAT. Ich oder diese Person! — *either A. or Frau V. must lea*

JOHANNES. Mutter, du verlangst Unmögliches. Ich habe sie mit Mühe umgestimmt. Soll ich nun vor ihr dastehen wie... Lieber erschieß' ich mich.

FRAU VOCKERAT, *mit plötzlichem Entschluß*. Gut — nun gehe ich hinauf. Ich werde ihr die Meinung gründlich sagen. Diese durchtriebene Kokette! diese... Sie hat dich eingesponnen in ihre Netze.

JOHANNES *vertritt ihr den Weg*. Mutter, du wirst nicht hinaufgehen!! Sie steht in meinem Schutz, und ich werde sie vor rohen Beleidigungen zu schützen wissen. — Gegen jedermann.

BRAUN. Hannes, aber Hannes!...

FRAU VOCKERAT. Gut, gut. Ich sehe schon — es ist... ist weit gekommen mit dir. *Ab durch die Flurtür*.

BRAUN. Aber Hannes, was ist bloß in dich gefahren!?

JOHANNES. Laßt mich in Ruh' — Seelenverderber ihr!

BRAUN. Sei mal vernünftig, Hannes! Ich heiße Braun. Ich habe nicht die Absicht, dir Moralpredigten zu halten.

JOHANNES. Kinder, ihr prostituiert meine Gedanken. Das ist geistige Notzucht. Ich leide furchtbar darunter. Ich rede kein Wort mehr.

BRAUN. Hannes! jetzt kannst du nicht schweigen. Die Dinge liegen so, daß du gewissermaßen verpflichtet bist zu reden. Versuch doch mal, etwas kühler zu werden.

JOHANNES. Was wollt ihr denn wissen? Wessen sind wir denn angeklagt? Kinder, ich muß es in jedem Fall ablehnen, einen Unschuldsbeweis anzutreten. Das duldet mein Stolz nicht, verstehst du... Ekelhaft!... Der Gedanke bloß.

BRAUN. Sieh mal, Hannes! Ich fasse die Sachen absolut nüchtern auf.

JOHANNES. Fasse sie meinethalben auf, wie du Lust hast. Aber sag mir kein Wort über deine Auffassung, denn jedes Wort ist mir wie ein Rutenhieb ins Gesicht!

BRAUN. Hannes, du mußt zugeben, daß du mit dem Feuer spielst.

JOHANNES. Ich muß gar nichts zugeben. Mein Verhältnis zu Anna entzieht sich eurer Beurteilung.

BRAUN. Du kannst doch nicht leugnen, daß du gewisse Verpflichtungen gegen deine Familie hast.

JOHANNES. Du kannst doch nicht leugnen, daß ich gewisse Verpflichtungen gegen mich selber habe. Seht ihr, da habt ihr geprahlt und geprahlt — und nun ich den ersten freien Schritt mache, da bekommt ihr Angst, da redet ihr von Pflichten, da...

BRAUN. Ich wollte das gar nicht mal sagen. Was heißt Pflichten?! Du sollst nur klarsehen. Es handelt sich hier darum: entweder Anna oder deine Familie.

JOHANNES. Na hör mal, du bist wohl verrückt geworden. Wollt ihr mir denn mit aller Gewalt Konflikte aufschwatzen, die nicht vorhanden sind? Es ist ja nicht wahr, was ihr sagt. Ich stehe vor keiner Entscheidung. Was mich mit Anna verbindet, ist nicht das, was mich mit Käthe verbindet. Keins braucht das andre tangieren. Es ist Freundschaft, zum Donnerwetter. Es beruht darauf, daß wir geistig ähnlich veranlagt sind, daß wir uns ähnlich entwickelt haben. Deshalb verstehen wir uns dort noch, wo uns andre nicht mehr verstehen, wo ihr mich nicht mehr verstanden habt. Seit sie hier ist, erlebe ich gleichsam eine Wiedergeburt. Ich habe Mut und Selbstachtung zurückgewonnen. Ich fühle Schaffenskraft, ich fühle, daß das alles geworden ist unter ihrer Hand gleichsam. Ich fühle, daß sie die Bedingung meiner Entfaltung ist. Als Freundin, verstehst du wohl. Können denn Mann und Weib nicht auch Freunde sein?

BRAUN. Hannes! nimm mir's nicht übel, du hast den Dingen niemals gern nüchtern ins Auge gesehen.

JOHANNES. Leute, ihr wißt nicht, was ihr tut! sag' ich euch. Ihr urteilt nach einer kläglichen Schablone, und die hab' ich mir an den Füßen abgelaufen. Wenn ihr mich lieb habt, stört mich nicht. Ihr habt keine Ahnung, was sich in mir vollzieht. Daß Gefahren sind, jetzt, nach euren Attacken, das glaub' ich fast selbst. Aber ich habe den Willen, mir

das zu sichern, was mir Lebensbedingung ist, ohne die
Grenzen zu verletzen. Ich habe den Willen, verstehst du
das wohl?

BRAUN. <u>Das ist dein alter Fehler, Hannes. Du willst Dinge
vereinen, die sich eben nicht vereinen lassen.</u> Meiner Ansicht nach gibt es nur eine Möglichkeit — wenn du einfach
zu ihr gehst, ihr die Dinge vorstellst, wie sie liegen, und
sie bittest zu gehen.

JOHANNES. Bist du fertig? Bist du nun endlich fertig? Damit
du nun wenigstens in diesem Punkte zur Klarheit kommst
und nicht unnötig Worte verschwendest. *Mit blitzenden
Augen, jedes Wort betonend.* Das, was ihr wollt, geschieht nicht! — <u>Ich bin nicht der, der ich noch vor
kurzem war, Braun</u>! Ich habe etwas über mich aufgehängt,
was mich regiert. Ihr und eure Meinung habt keine Macht
mehr über mich. <u>Ich habe mich selbst gefunden und werde
ich selbst sein.</u> Ich selbst, trotz euch allen! *Schnell ab ins
Studierzimmer. Braun zuckt die Achseln.*

→ J. feelshe's a new man now.

4-5pm

Zeit: nachmittags zwischen vier und fünf. Am Tisch sitzen Käthe und Frau Vockerat. Käthe mit Nähen eines Kinderhemdchens beschäftigt, Frau Vockerat mit Stricken. Käthe stark abgehärmt. Es vergehen einige Sekunden. Johannes kommt aus dem Studierzimmer. Er hat den Hut noch nicht recht festgesetzt, den Sommerüberzieher noch nicht ganz angezogen und ist im Begriff auszugehen.

JOHANNES. Ist Anna fort?

FRAU VOCKERAT, *verschnaufend.* Eben hinaus.

JOHANNES *ist zu Käthe getreten und küßt sie auf die Stirn.* Nimmst du auch dein Tränkchen regelmäßig?

FRAU VOCKERAT. Ach, die dumme Medizin! die nutzt was Rechts. Ich wüßte schon, was besser nützte.

JOHANNES. Ach Mutter, Mutter!!

FRAU VOCKERAT. Ich bin ja schon stille.

FRAU KÄTHE. Ja, ja! ich nehm' sie schon. Mir ist ja überhaupt nichts.

JOHANNES. Du siehst auch heut tatsächlich besser aus.

FRAU KÄTHE. Mir ist auch besser.

JOHANNES. Na schon dich nur recht. Adieu! Wir kommen bald wieder.

FRAU KÄTHE. Geht ihr weit?

JOHANNES. Nur'n bißchen in den Wald. Wiedersehen! *Ab über die Veranda. Kleine Pause. Man hört das Brausen und Rauschen eines Eisenbahnzuges. Hierauf Läuten der Bahnglocke fern.*

FRAU VOCKERAT. Horch mal, die Bahnhofsglocke.

FRAU KÄTHE. Der Wind trägt den Schall, Mutti! *Sie läßt die Arbeit sinken und versinnt sich..*

FRAU VOCKERAT, *flüchtig aufblickend.* Worüber denkst du denn nach, Käthemiezel?

FRAU KÄTHE, *weiterarbeitend.* Ach — über allerhand.

FRAU VOCKERAT. Über was denn zum Beispiel?

FRAU KÄTHE. Ob es zum Beispiel Menschen geben mag, die nichts zu bereuen haben.

FRAU VOCKERAT. Sicher nicht, Käthchen!

FRAU KÄTHE, *der Schwiegermutter die Näherei hinhaltend.* Ob ich Kettelstich nehme — hier rum, Mutti? *Sie faßt das*

Hemdchen oben und unten und spannt es auseinander. Ich denke, es wird lang genug sein.

FRAU VOCKERAT. Ja nicht zu kurz. Lieber bißchen zu lang. Die Kinder wachsen zu schnell. *Beide arbeiten emsig weiter. Kleine Pause.*

FRAU KÄTHE, *unterm Nähen.* Hannes hat manchmal recht zu leiden gehabt — unter meinen Launen. Er hat mir oft genug leid getan. Aber man kann eben nicht gegen seine Natur: das ist das Unglück! *Kurz und bitter in sich hineinlachend.* Man war allzu sicher. Man hat sich's nicht wahrgenommen. *Sie seufzt.* — Da fällt mir ein bei dem Hemd: in Gnadenfrei — da war eine alte Wärterin… in der Anstalt. Die hatte ihr selbstgewebtes Totenhemd schon jahrelang im Schubfach liegen. Das zeigte sie mir mal. Da wurd' ich ganz melancholisch.

FRAU VOCKERAT. Die alte, überspannte Person. *Kleine Pause.*

FRAU KÄTHE, *unterm Nähen.* Der kleine Fiedler ist ein lieber Kerl. Gestern nahm ich ihn 'n bißchen rauf und zeigte ihm Bilder. Da fragt' er mich: »Nich wahr, Tante Käthe, der Schmetterling is der Mann und die Libelle is seine Frau?«

FRAU VOCKERAT, *gutmütig lachend.*

FRAU KÄTHE. Das dumme Herzel! Und dann tippte es mir auf die Augenlider und fragte: »Schlafen da die Augen drin?«

FRAU VOCKERAT. Zu niedlich sind Kinder manchmal.

FRAU KÄTHE, *mit einer sanften, wehmütigen Lustigkeit.* Und dann sagt er immer Punken statt Funken. Damit neck' ich ihn immer.

FRAU VOCKERAT. Zu drollig: »Punken«. *Sie lacht.*

FRAU KÄTHE *läßt die Arbeit in den Schoß sinken.* Und was man sich so für Schmerzen macht als Kind. Ich weiß noch, als ich klein war, jahrelang — wo nur ein Kartoffelfeld kam — da hab' ich den lieben Gott inbrünstig gebeten: Ach, lieber Gott! laß mich doch nur ein einziges Mal einen großen Totenkopfschmetterling finden. — Ich hab' aber nie einen gefunden. — *Sie erhebt sich müde. Seufzend.* Später hat man andre Schmerzen.

FRAU VOCKERAT. Wo willst du denn hin? Bleib doch noch'n bißchen.

FRAU KÄTHE. Ich muß nachsehen, ob Philippchen wach ist.

FRAU VOCKERAT. Käthe, nicht so unruhig! Es wird alles besorgt.

FRAU KÄTHE *ist stehen geblieben, neben dem Stuhl, die Hand an der Stirn.* Laß, Mutti! ich muß denken.

FRAU VOCKERAT, *milde zuredend.* Du mußt gar nicht denken. Komm, erzähl mir noch 'n bißchen! *Sie zieht die Willenlose auf den Stuhl zurück.* Komm, setz dich! — Johannes hatte auch als Kind immer so niedliche Einfälle.

FRAU KÄTHE *sitzt da wie erstarrt, die weit offnen Augen auf das Porträt über dem Pianino gerichtet.* Ach, der gute Papa in seinem Talar! Der hat sich nicht träumen lassen, was seine Tochter... *Ihre Stimme wird von Tränen erstickt.*

FRAU VOCKERAT, *es bemerkend.* Aber Käthemiezel!

FRAU KÄTHE, *mühsam redend.* Ach bitte, laß mich! *Beide arbeiten eine kurze Weile weiter.*

FRAU KÄTHE, *unterm Nähen.* Hast du dich gefreut, als Johannes geboren war?

FRAU VOCKERAT. Von Herzen, Käthchen! Du nicht über Philippchen? → *K. not sure if son's birth made her*

FRAU KÄTHE. Ich weiß wirklich nicht. *Erhebt sich abermals.* *happy* Ach! ich will mich lieber ein bißchen niederlegen.

FRAU VOCKERAT *erhebt sich ebenfalls, streichelt Käthes Hand.* Ja, ja! Wenn du angegriffen bist.

FRAU KÄTHE. Faß mal meine Hand, Mutti!

FRAU VOCKERAT *tut es.* Nun? Sie is eiskalt, Miezel!

FRAU KÄTHE. Nimm mal die Nadel! *Reicht ihr die Nähnadel.*

FRAU VOCKERAT *zögert, sie zu nehmen.* Ja — was soll ich denn damit?

FRAU KÄTHE. Paß mal auf! *Sticht sich blitzschnell mehrmals in die Handfläche.*

FRAU VOCKERAT *erhascht ihre Hand.* Aber du! du! Was machst du denn nur da?

FRAU KÄTHE, *lächelnd.* Es tut gar nicht weh. Keine Spur. Ich fühle auch rein nichts. — *K. can't feel anymore*

FRAU VOCKERAT. Was das für Ideen sind! Komm, komm! Ja, ja! Leg dich bißchen nieder! Leg dich bißchen! *Führt Käthe, sie ein wenig stützend, in das Schlafzimmer. Nach einer kleinen Pause kommt Braun. Er legt den Hut ab, zieht den Überrock aus, hängt beides an den Kleiderhaken.*

FRAU VOCKERAT *steckt den Kopf durch die Schlafstubentür.* Ach, Sie sind's, Herr Braun.

BRAUN. Guten Tag, Frau Vockerat!

FRAU VOCKERAT. Ich komme gleich. *Sie zieht den Kopf zurück,*

*kommt nach wenigen Sekunden ganz heraus, eilt auf Braun
zu und drückt ihm hastig ein Telegramm in die Hand.* Nu
raten Sie mir! *Während er liest, verfolgt sie mit ängstlicher
Spannung den Ausdruck seines Gesichts.*

BRAUN, *nachdem er gelesen.* Haben Sie Herrn Vockerat gesagt,
worum es sich handelt?

FRAU VOCKERAT. Kein Sterbenswort. Nein, nein, nein! Das
hätt' ich auch nicht übers Herz gebracht. Ich hab' ihm nur
geschrieben, daß er doch mal herkommen möchte, weil…
weil ich doch noch nicht so bald fortkönnte und weil Käthe
doch noch immer nicht ganz munter wär'! Aber sonst hab'
ich nichts geschrieben. Nicht mal, daß Fräulein Anna noch
hier ist, Herr Braun.

BRAUN, *nach einiger Überlegung, zuckt mit den Achseln.* Ja!
Da kann ich weiter nichts sagen.

FRAU VOCKERAT, *ängstlicher.* Halten Sie's nicht für recht?
Hätt' ich am Ende lieber nicht schreiben sollen? Aber Käthe
vergeht mir ja unter den Händen. Wenn sie erst mal zum
Liegen kommt, dann… dann weiß ich nicht, was noch
geschieht. Und aller Augenblicke muß sie sich jetzt schon
hinlegen, in den Kleidern aufs Bett. Gerade jetzt liegt sie
wieder. Ich kann's ja nicht mehr. Ich kann ja die Verantwortung nicht mehr allein tragen, Herr Braun. *Sie muß
sich schneuzen.*

BRAUN, *ins Telegramm blickend.* Mit dem Sechsuhrzug kommt
Herr Vockerat? Wie spät is's jetzt?

FRAU VOCKERAT. Halb fünf noch nicht.

BRAUN, *nachdem er wieder eine Weile nachgesonnen.* Hat sich
denn gar nichts geändert in den acht Tagen?

FRAU VOCKERAT *schüttelt trostlos den Kopf.* Nichts.

BRAUN. Hat sie nie Miene gemacht abzureisen?

FRAU VOCKERAT. Nein — nicht ein Mal. Und Johannes, der is
förmlich wie verhext. Er war ja immer leicht kratzig, aber
er machte doch schließlich, was man wollte. Er sieht nicht,
er hört nicht. Nur diese Person. Nur immer diese Person.
Nicht Mutter, nicht Frau, Herr Braun. Ach, Gott! was
macht man denn nur? Ich tu' ja keine Nacht mehr ein
Auge zu. Ich hab' schon hin und her überlegt. Was macht
man denn nur? *Pause.*

BRAUN. Ich weiß wirklich nicht, ob es gut ist, daß Herr
Vockerat herkommt. Hannes wird dadurch nur noch gereizt, aufs höchste… Und dann… dann will er sich vor

dem Fräulein... Ich hab' überhaupt manchmal ein Gefühl — als ob sich Hannes schon allein wieder rausarbeiten
würde.

FRAU VOCKERAT. Das hab' ich ja doch auch geglaubt. Deshalb
hab' ich mich ja damals, als er sie zurückbrachte, wieder
überreden lassen. Deshalb bin ich ja hiergeblieben. Aber
es wird ja immer schlimmer. Man darf ja gar nicht mehr
wagen, nur'n leises Sterbenswörtchen drüber zu sprechen.
Und zu Käthe darf ich auch nichts sagen. An wen soll ich
mich denn wenden?

BRAUN. Hat denn Frau Käthe nie mit Hannes drüber gesprochen?

FRAU VOCKERAT. Ja, einmal — da sind sie wach gewesen die
halbe Nacht. Weiß Gott, was sie da gesprochen haben.
Aber Käthel is viel zu geduldig. Sie nimmt noch Hannes'
Partei, wenn ich mal was sage. Nicht mal diese... diese
Dame... diese sogenannte, durchschaut sie. Die wird wo-
möglich noch in Schutz genommen. *Kleine Pause.*

BRAUN. Ich hab' mich schon gefragt — ob ich vielleicht mal
mit Fräulein Anna rede.

FRAU VOCKERAT, *schnell.* Ja, das wäre wirklich vielleicht was.

BRAUN. Ich wollte sogar schon mal an sie schreiben... Aber
allen Ernstes, Frau Vockerat, eh Herr Vockerat in seiner
Weise eingreift — das kann die Sache meiner Ansicht nach
verschlimmern im höchsten Maße.

FRAU VOCKERAT. Na ja, na ja! Aber was blieb mir denn übrig
in meiner Herzensangst? Ach, wenn Sie wollten... wenn
Sie wirklich mit ihr reden wollten! *Man hört Annas und
Johannes' Stimme.* Ach, großer Gott! Ich kann sie jetzt
unmöglich sehn. *Ab durch die Flurtür. Braun zögert. Da sie
noch nicht eintreten, ebenfalls ab durch die Flurtür.
Fräulein Anna tritt ein von der Veranda her.*

FRÄULEIN ANNA *hat ihren Hut abgelegt. Spricht durch die offne
Tür zu Johannes, der noch draußen auf der Veranda verweilt.*
Gibt's was Interessantes, Herr Doktor?

JOHANNES. Es muß was los sein. Ein Polizist ist im Kahn.
Kommt herein. Vielleicht wieder'n Unglück geschehn. —

FRÄULEIN ANNA. Ein melancholisches Vorurteil. —

JOHANNES. Hier kommt oft genug was vor. Das ist ein gefähr-
liches Wasser. — Was haben Sie denn da, Fräulein?

FRÄULEIN ANNA. Katzenpfötchen, Herr Doktor! Die nehm'
ich mir mit zum Andenken.

JOHANNES. Wenn Sie mal reisen, heißt das. Und das wird so bald nicht sein.

FRÄULEIN ANNA. Meinen Sie? *Kleine Pause, während welcher beide langsam und jeder für sich umhergehen.* Es wird schon recht zeitig finster.

JOHANNES. Und kühl, sobald die Sonne weggeht. Soll ich Licht machen?

FRÄULEIN ANNA. Wenn Sie wollen. — Sonst feiern wir bißchen Dunkelstunde. *Sie setzt sich.*

JOHANNES *setzt sich ebenfalls, von Anna entfernt, auf irgendeinen Stuhl. Nach einer Pause.* Dunkelstunde! — Da kommen alte Erinnerungen.

FRÄULEIN ANNA. Märchen, nicht wahr?

JOHANNES. Ja, auch. — — Ach, es gibt wundervolle Märchen.

FRÄULEIN ANNA. O ja! — Und wissen Sie, wie die schönsten gewöhnlich schließen? — Da zog ich mir einen gläsernen Pantoffel an — und da stieß ich an einen Stein — und da machte er »kling« — und da sprang er entzwei.

JOHANNES, *nach kurzem Schweigen.* Ist das nicht auch ein melancholisches Vorurteil?

FRÄULEIN ANNA. Das glaub' ich nicht. *Sie erhebt sich, geht langsam bis zu dem Sessel vor dem Klavier, setzt sich darauf, haucht in die Hände.*

JOHANNES *erhebt sich ebenfalls, tut langsam ein paar Schritte, bleibt hinter Anna stehen.* Nur ein paar Takte. Machen Sie mir die Freude. Wenn ich nur ein paar ganz simple Töne höre — das genügt mir schon.

FRÄULEIN ANNA. Ich kann nicht spielen.

JOHANNES, *mit gelindem Vorwurf.* Ach, Fräulein Anna — weshalb sagen Sie das? Sie wollen nur nicht, ich weiß es ja.

FRÄULEIN ANNA. Aber ich habe wohl sechs Jahre lang keine Taste berührt. Erst seit diesem Frühjahr hab' ich langsam wieder angefangen. Und dann dudle ich auch nur so. — Solche traurige, trostlose Liedchen, wie ich sie von meiner Mutter mitunter gehört habe.

JOHANNES. Wollen Sie nicht mal so eins singen? So ein trauriges, trostloses Liedchen —?

FRÄULEIN ANNA *lacht.* Sehen Sie, Sie necken mich schon.

JOHANNES. Ich merke schon, Fräulein. Sie wollen mir's nicht zuliebe tun. *Kleine Pause.*

FRÄULEIN ANNA. Ja, ja! Herr Doktor, ich bin ein häßliches, launisches Geschöpf.

→ J. wants Anna to play piano + sing for him

JOHANNES. Das sag' ich nicht, Fräulein Anna! *Kleine Pause.*

FRÄULEIN ANNA *öffnet das Klavier. Setzt die Finger auf die Tasten. Sinnt nach.* Wenn ich was Lustiges wüßte. –

JOHANNES *hat sich in einer entfernten Ecke niedergelassen, den Kopf vornübergebeugt; die Beine übereinandergeschlagen, den Ellbogen daraufgestemmt, die Hand an der Ohrmuschel.*

FRÄULEIN ANNA *legt die Hände in den Schoß, spricht langsam und in Pausen.* Es ist eigentlich eine große Zeit, in der wir leben. — Es kommt mir vor, als ob etwas Dumpfes, Drückendes allmählich von uns wiche. — Meinen Sie nicht auch, Herr Doktor?

JOHANNES *räuspert sich.* — Inwiefern —?

FRÄULEIN ANNA. Auf der einen Seite beherrschte uns eine schwüle Angst, auf der andern ein finstrer Fanatismus. Die übertriebene Spannung scheint nun ausgeglichen. So etwas wie ein frischer Luftstrom, sagen wir aus dem zwanzigsten Jahrhundert, ist hereingeschlagen. — Meinen Sie nicht auch, Herr Doktor? — Zum Beispiel, Leute wie Braun wirken doch auf uns nur noch wie Eulen bei Tageslicht.

JOHANNES. Ich weiß nicht, Fräulein! Das mit Braun ist wohl richtig. Aber ich kann noch nicht recht zur Lebensfreude durchdringen. Ich weiß nicht...

FRÄULEIN ANNA. Ganz abgesehen von unsern individuellen Schicksalen. Von unsern kleinen Schicksalen ganz abgesehen, Herr Doktor! *Pause. Fräulein Anna schlägt einen Ton an und hält ihn aus.*

JOHANNES, *nachdem der Ton verhallt ist.* Nun?

FRÄULEIN ANNA. Herr Doktor!

JOHANNES. Wollen Sie nicht spielen?! Bitte, bitte!

FRÄULEIN ANNA. Ich wollte Ihnen etwas sagen — aber Sie müssen nicht aufbrausen; Sie müssen ganz ruhig und artig bleiben.

JOHANNES. Nun was?

FRÄULEIN ANNA. Ich glaube, meine Zeit ist abgelaufen. Ich möchte reisen.

JOHANNES *seufzt tief, erhebt sich dann und geht langsam umher.*

FRÄULEIN ANNA. Herr Johannes! Wir fallen auch in den Fehler schwacher Naturen. Wir müssen den Blick ins Allgemeine mehr richten. Wir müssen uns selber leichter tragen lernen. *Kleine Pause.*

JOHANNES. Wollen Sie wirklich reisen?

FRÄULEIN ANNA, *mild, aber bestimmt.* Ja, Herr Johannes!

JOHANNES. Da werd' ich von nun an zehnfach einsam sein.
Pause. Ach, reden wir wenigstens jetzt nicht davon.

FRÄULEIN ANNA. Ich möchte Ihnen nur noch sagen: ich habe
mich für Sonnabend oder Sonntag zu Hause angemeldet.

JOHANNES. Sie haben sich... Aber, Fräulein, weshalb eilen
Sie denn nur so sehr? — J. doesn't understand the hurry

FRÄULEIN ANNA. Aus vielen Gründen. *Pause.*

JOHANNES, *schneller und heftiger schreitend.* Soll man denn
wirklich alles, alles, was man gewonnen hat, dieser ver-
fluchten Konvention aufopfern? Können denn die Menschen absolut nicht einsehen, daß ein Zustand kein Verbrechen sein kann, in welchem beide Teile nur gewinnen,
beide Teile besser und edler geworden sind? Ist es denn ein
Verlust für Eltern, wenn ihr Sohn besser und tiefer wird?
Ein Verlust für eine Frau, wenn ihr Mann wächst und
zunimmt, geistig?

FRÄULEIN ANNA, *in Güte drohend.* Herr Doktor, Herr Doktor!
der böse Affekt.

JOHANNES, *besänftigt.* Ja hab' ich denn nicht recht, Fräulein?

FRÄULEIN ANNA. Ja, und nein. — Sie werten anders, wie Ihre
Eltern werten. Ihre Eltern werten anders, wie Frau Käthe
wertet. Darüber läßt sich gar nichts sagen, meiner Ansicht
nach.

JOHANNES. Aber das ist eben furchtbar — furchtbar für uns.

FRÄULEIN ANNA. Und für sie... für die andern nicht minder.
Pause.

JOHANNES. Ja, aber Sie sagten doch selbst immer, man soll
die Rücksicht auf andre nicht über sich herrschen lassen;
man soll sich nicht abhängig machen!?

FRÄULEIN ANNA. Aber wenn man abhängig ist?

JOHANNES. Gut: ich bin abhängig. Leider Gottes! aber Sie...
Warum nehmen Sie für die andern Partei?

FRÄULEIN ANNA. Ich habe sie eben auch liebgewonnen. *Pause.*
Sie haben mir oft gesagt, Sie ahnten einen neuen, höheren
Zustand der Gemeinschaft zwischen Mann und Frau.

JOHANNES, *mit Wärme und Leidenschaft.* Ja, den ahne ich, den
wird es geben, später einmal. Nicht das Tierische wird dann
mehr die erste Stelle einnehmen, sondern das Menschliche.
Das Tier wird nicht mehr das Tier ehelichen, sondern der
Mensch den Menschen. Freundschaft, das ist die Basis, auf
der sich diese Liebe erheben wird. Unlöslich, wundervoll,
ein Wunderbau gradezu. Aber ich·ahne noch mehr: noch

viel Höheres, Reicheres, Freieres... *Unterbricht sich, wendet sich an Anna.* Wenn ich deutlich sehen könnte, jetzt, — so würde ich Sie lächeln sehn. Hab' ich recht?

FRÄULEIN ANNA. Herr Doktor... nein — ich habe diesmal nicht gelächelt. Aber richtig ist — solche Worte — an denen man sich leicht berauscht... da kommt gleichsam gewohnheitsmäßig — etwas Spöttisches in mich. — Nehmen wir aber einmal an: es hätte wirklich etwas Neues, Höheres gelebt — in unseren Beziehungen.

JOHANNES, *mit Betrübnis.* Zweifeln Sie daran? Soll ich Ihnen Unterschiede nennen? Empfinden Sie zum Beispiel etwas andres für Käthe als herzliche Liebe? Ist mein Gefühl für Käthe etwa schwächer geworden? Im Gegenteil, es ist tiefer und voller geworden. —

FRÄULEIN ANNA. Aber, wo ist außer mir ein Mensch, der Ihnen das noch glauben kann? — Und wird Frau Käthe deshalb weniger zugrunde gehen? — Ich möchte nicht gern von uns beiden reden. — Nehmen wir mal an — ganz im allgemeinen —, ein neuer, vollkommenerer Zustand wird von jemand vorempfunden. Dann ist er vorläufig nur im Gefühl — eine überzarte, junge Pflanze, die man schonen und wieder schonen muß. — Meinen Sie nicht auch, Herr Doktor? — Daß das Pflänzchen sich auswächst, während wir leben, das dürfen wir nicht hoffen. Wir können sie niemals groß werden sehn, ihre Früchte sind für andre bestimmt. Auf die Nachwelt den Keim bringen — das können wir vielleicht. Ich könnte mir sogar denken, daß jemand sich das zur Pflicht macht.

JOHANNES. Und daraus wollen Sie ableiten, daß wir uns trennen müssen?

FRÄULEIN ANNA. Ich wollte nicht von uns beiden reden. Aber, da Sie nun doch... ja! wir müssen uns trennen. — Einen Weg zu gehen, wie es mir wohl vorgeschwebt hat... in Sekunden... und das will ich nun auch nicht mehr. Ich habe eben auch etwas wie eine Ahnung empfunden. — Und seitdem, da erscheint mir auch das alte Ziel zu unbedeutend für uns — zu gewöhnlich, offen gestanden! — Es ist gerade so, als ob man aus hohen Bergen mit weitem, weitem Ausblick heruntersteigt und nun alles so eng und nah findet im Tal. *Pause.*

JOHANNES. Und wenn nun keine Existenz darüber zugrunde ginge?

FRÄULEIN ANNA. Das ist nicht möglich.

JOHANNES. Aber, wenn nun Käthe die Kraft hätte? Wenn es ihr gelänge, sich auf die Höhe dieser Idee zu erheben?

FRÄULEIN ANNA. Wenn es Käthe gelänge — zu leben — neben mir, dann... dann würde ich mir selbst doch nicht trauen können. In mir... in uns ist etwas, was den geläuterten Beziehungen, die uns dämmern, feindlich ist, auf die Dauer auch überlegen, Herr Doktor. Wollen wir nun nicht Licht machen?

FRAU VOCKERAT, *vom Flur her mit einem Lichte. Sie spricht in den Flur zurück.* 's is noch dunkel hier. Ich will die Lampe erst anzünden. Bleiben Sie nur noch'n bißchen draußen, Herr Braun. Ich will's schon so einrichten, daß...

JOHANNES *hustet.*

FRAU VOCKERAT *erschrickt.* Wer is denn hier?

JOHANNES. Wir, Mutter.

FRAU VOCKERAT. Du, Johannes?

JOHANNES. Wir, Fräulein Anna und ich. — Wer is denn draußen?

FRAU VOCKERAT, *ziemlich ungehalten.* Na, Hannes! Du hättest doch wirklich Licht machen können. Das is doch nicht... So im Dunkeln... *Sie steckt die Lampe an. Fräulein Anna und Johannes rühren sich nicht.* Hannes!

JOHANNES. Ja, Mutter!

FRAU VOCKERAT. Kannst du mal mitkommen? Ich möchte dir was sagen.

JOHANNES. Geht das nicht hier auch, Mutter?

FRAU VOCKERAT. Wenn du keine Zeit für mich übrig hast, dann sag's doch einfach.

JOHANNES. Ach Mutter... Natürlich komm' ich. Entschuldigen Sie, Fräulein. *Ab mit Frau Vockerat in das Studierzimmer.*

FRÄULEIN ANNA *fängt ganz leise schlichte Akkorde zu greifen an. Dann singt sie dazu mit gedämpfter Stimme.* »Zum Tode gequält durch Gefangenschaft, bist du jung gestorben. Im Kampfe für dein Volk hast du deinen ehrlichen Kopf niedergelegt.« *Sie hält inne. Herr Braun ist eingetreten.*

FRÄULEIN ANNA *wendet sich mit dem Drehsessel herum.* Guten Abend, Herr Braun!

BRAUN. Ich wollte nicht stören. Guten Abend, Fräulein!

FRÄULEIN ANNA. Man sieht Sie ja so selten.

BRAUN. Ach, wieso?

FRÄULEIN ANNA. Es wurde mehrmals nach Ihnen gefragt.

BRAUN. Wer hat denn nach mir gefragt? Hannes gewiß nicht.

FRÄULEIN ANNA. Herr Johannes? Nein. — Frau Käthe.

BRAUN. Sehn Sie! — Aufrichtig, ich... Ach, das ist ja jetzt alles Nebensache. *Pause.*

FRÄULEIN ANNA. Wir sind, scheint's, heut in einer Stimmung, daß wir uns eigentlich was Lustiges erzählen sollten. Wissen Sie nicht was? Man muß sich manchmal zum Lachen zwingen. Irgendeine Anekdote oder so...

BRAUN. Nein! wahrhaftig nein!

FRÄULEIN ANNA. Ich glaube wirklich, Sie verstehen den Sinn des Lachens nicht. *Pause.*

BRAUN. Ich bin eigentlich — gekommen, Fräulein — um etwas Ernstes mit Ihnen zu besprechen.

FRÄULEIN ANNA. Sie? — mit mir?

BRAUN. Ja, Fräulein Anna!

FRÄULEIN ANNA *erhebt sich.* Nun bitte! Ich höre. *Begibt sich an den Tisch, bindet den Strauß Immortellen auf und fängt an, sie zu ordnen und aufs neue zu ordnen.*

BRAUN. Ich saß damals in schweren Konflikten. Ich meine, damals — als wir uns kennenlernten — in Paris. Es waren ja im Grunde Lappalien. Nichts ist schließlich so gleichgültig als: ob man mit oder ohne Rücksicht malt. Kunst ist Luxus — und heutzutage Luxusarbeiter sein ist schmachvoll unter allen Umständen. Damals war Ihr Umgang jedenfalls der Rausreißer für mich. Und — was ich hauptsächlich sagen wollte: ich habe Sie damals achten und schätzen gelernt.

FRÄULEIN ANNA, *beim Ordnen der Blumen, leicht.* Was Sie sagen, ist zwar wenig zart — aber reden Sie nur weiter.

BRAUN. Wenn Worte wie die Sie verletzen, Fräulein — dann bedaure ich... dann verwirren sich meine Begriffe.

FRÄULEIN ANNA. Das tut mit leid, Herr Braun!

BRAUN. Es ist mir peinlich und unangenehm. Man sollte die Dinge einfach laufen lassen. Wenn es nur nicht so entsetzlich folgenschwere Dinge wären. Aber man kann doch nicht...

FRÄULEIN ANNA *summt vor sich hin.* »Spinne, spinne, Töchterlein!« Katzenpfötchen. — Ich höre, Herr Braun!

BRAUN. Wenn ich Sie so ansehe, Fräulein, so kann ich mich wirklich des Gefühls nicht erwehren... Sie scheinen sich gar nicht bewußt zu sein... Sie scheinen den ganzen furchtbaren Ernst der Sache gar nicht zu würdigen.

FRÄULEIN ANNA *summt.* »Sah ein Knab' ein Röslein stehn.«

BRAUN. Man hat doch schließlich ein Gewissen. Ich kann mir
nicht helfen, Fräulein: ich muß an Ihr Gewissen appellieren.

FRÄULEIN ANNA, *nach einer kleinen Pause, kühl und leicht.*
Wissen Sie, was Papst Leo der Zehnte über das Gewissen
sagte?

BRAUN. Das weiß ich nicht, das liegt mir auch wirklich in
diesem Augenblick ziemlich fern, Fräulein.

FRÄULEIN ANNA. Es sei ein bösartiges Tier, sagte er, das den
Menschen gegen sich selbst bewaffne. — Aber bitte, bitte!
Ich bin wirklich ganz Ohr.

BRAUN. Ich weiß nicht, es liegt doch eigentlich auf der Hand.
Sie müssen das doch auch sehn — daß es sich hier um Leben
und Tod einer ganzen Familie handelt. Ich dächte mir, ein
einziger Blick auf die junge Frau Vockerat, ein einziger
Blick muß einem doch da jeden Zweifel vollständig be-
nehmen. Ich dächte mir...

[handwritten marginal note: wants A consider effect she having on family]

FRÄULEIN ANNA, *nun ernst.* Ach so! Das ist es also. Nun, weiter, weiter!

BRAUN. Ja, und — ja — und Ihr Verhältnis zu Johannes.

FRÄULEIN ANNA, *abweisend.* Herr Braun! — Sie bis hierher
anzuhören, glaubte ich dem Freunde meines Freundes
schuldig zu sein. Was Sie nun noch sprechen, sprechen Sie
in den Wind.

BRAUN, *kurze Verlegenheitspause. Dann wendet er sich, nimmt
seinen Hut und Überzieher und entfernt sich mit der Geste
eines Menschen, der das mögliche getan hat.*

FRÄULEIN ANNA *wirft das Bukett weg, sobald Braun hinaus ist,
und geht einige Male heftig auf und ab. Sie wird ruhiger und
trinkt Wasser.*

Frau Vockerat vom Flur.

FRAU VOCKERAT *sieht sich ängstlich überall um, kommt hastig
auf Anna zu, nachdem sie sich vergewissert, daß sie allein
ist.* Ich bin in so großer Angst — meines Hannes wegen.
Hannes ist so schrecklich heftig, Sie wissen ja. Und nun
liegt mir etwas auf der Seele. Ich kann's nicht mehr unter-
drücken, Fräulein! — Fräulein! — Fräulein Anna! *Sie sieht
Anna an, mit einer rührenden, flehenden Gebärde.*

FRÄULEIN ANNA. Ich weiß, was Sie wollen.

FRAU VOCKERAT. Hat Herr Braun mit Ihnen gesprochen?
*Fräulein Anna will mit Ja antworten, die Stimme versagt ihr,
dann überwältigt sie ein Anfall von Weinen und Schluchzen.
Frau Vockerat, um sie bemüht.* Fräulein Anna! Liebes Fräu-

lein! Wir müssen den Kopf oben behalten. O Jesu Christ, daß nur nicht Hannes kommt. Ich weiß ja nicht, was ich tue. Fräulein, Fräulein!

FRÄULEIN ANNA. Es war nur... es ist schon vorüber. Sie brauchen sich nun nicht mehr ängstigen, Frau Vockerat!

FRAU VOCKERAT. Ich habe auch mit Ihnen Mitleid. Ich müßte ja kein Mensch sein. Sie haben Schlimmes durchgemacht im Leben. Das geht mir ja alles tief zu Herzen. Aber Johannes steht mir nun doch einmal näher. Ich kann's doch nicht ändern. Und Sie sind ja auch noch so jung, so jung, Fräulein. In Ihrem Alter überwindet man ja noch so leicht.

FRÄULEIN ANNA. Es ist mir entsetzlich peinlich, daß es so weit gekommen ist.

FRAU VOCKERAT. Ich habe es nie getan. Ich kann mich nicht besinnen, daß ich mal jemand die Gastfreundschaft verweigert hätte. Aber ich weiß keinen andern Weg. Es ist der letzte Ausweg für uns alle. — Ich will nicht richten in diesem Augenblick. Ich will zu Ihnen sprechen, eine Frau zur Frau — und als Mutter will ich zu Ihnen sprechen. *Mit tränenerstickter Stimme.* Als Mutter meines Johannes will ich zu Ihnen kommen. *Sie erfaßt Annas Hand.* Geben Sie mir meinen Johannes! Geben Sie einer gemarterten Mutter ihr Kind wieder! *Sie ist auf einen Stuhl gesunken und benetzt Annas Hand mit Tränen.*

FRÄULEIN ANNA. Liebe, liebe Frau Vockerat! Das... erschüttert mich tief. — Aber — kann ich denn etwas wiedergeben? Hab' ich denn etwas genommen?

FRAU VOCKERAT. Das wollen wir lieber beiseite lassen. Das will ich nicht untersuchen, Fräulein. Ich will nicht untersuchen, wer der Verführer ist. So viel weiß ich nur: mein Sohn hat sein lebelang nie schlimme Neigungen gehabt. Ich war seiner so sicher — daß ich noch heut gar nicht begreife... *Sie weint.* Es war Vermessenheit, Fräulein Anna.

FRÄULEIN ANNA. Was Sie auch sagen, Frau Vockerat, ich kann mich nicht verteidigen gegen Sie...

FRAU VOCKERAT. Ich möchte Ihnen nicht wehe tun. Ich möchte Sie nicht erbittern um Himmels willen. Ich bin ja in Ihrer Hand. Ich kann Sie nur immer wieder bitten und bitten in meiner furchtbaren Herzensangst. Lassen Sie Johannes los — eh alles verscherzt ist — eh Käthes Herz bricht. Haben Sie Erbarmen!

FRÄULEIN ANNA. Frau Vockerat! Sie erniedrigen mich so

sehr... Mir ist zumut, als ob ich geschlagen würde, und... Aber nein — ich will Ihnen nur einfach sagen: es ist beschlossene Sache, daß ich gehe. Und wenn es sich nur darum handelt...

FRAU VOCKERAT. Was werden Sie nun sagen, Fräulein? Ach, es geht mir kaum über die Zunge. Es sind nämlich gewisse Verhältnisse... Es müßte nämlich gleich sein... Sie müßten womöglich noch in dieser Stunde...

FRÄULEIN ANNA. *Sie nimmt die Sachen, die sie abgelegt hatte, zusammen.*

FRAU VOCKERAT. Ich habe keine Wahl mehr, Fräulein. *Kleine Pause.*

FRÄULEIN ANNA, *die Sachen überm Arm, nimmt langsamen Schrittes die Richtung nach der Flurtür. Vor Frau Vockerat bleibt sie stehn.* Konnten Sie denken, daß ich noch zögern würde?

FRAU VOCKERAT. Gott geleite Sie, Fräulein!

FRÄULEIN ANNA. Adieu, Frau Vockerat!

FRAU VOCKERAT. Werden Sie Hannes sagen, was wir gesprochen haben?

FRÄULEIN ANNA. Seien Sie unbesorgt, Frau Vockerat!

FRAU VOCKERAT. Behüt' Sie Gott, Fräulein Anna! *Anna ab durch die Flurtür. Frau Vockerat atmet befreit auf, eilt schnell ab ins Schlafzimmer.*

Auf der Veranda erscheint eine Laterne. Der alte Vockerat, in Kaisermantel und Plüschmütze, tritt ein, hinter ihm ein Wagenschieber von der Bahn, mit Paketen bepackt.

VOCKERAT, *über und über vergnügt.* So! — Niemand hier? Legen Sie die Sachen hier hin. Warten Sie! *Er sucht im Portemonnaie.* Hier, für die Mühe.

DER BLAUKITTEL. Ich dank' vielmals schön!

VOCKERAT. Warten Sie mal, lieber Mann. *Er sucht in seinen Überziehertaschen.* Ich weiß doch — ich hatte doch noch paar Exemplare — »Palmzweige«... Hier! *Er übergibt ihm einige Heftchen.* Ein frommer Mann hat sie geschrieben. Wahre Erlebnisse. Es gereiche Ihnen zum Segen! *Er drückt dem verblüfften Blaukittel die Hand; der weiß nichts zu sagen und entfernt sich stumm. Vockerat hängt Mantel und Mütze auf, sieht sich um, reibt sich vergnügt die Hände und horcht dann an der Schlafstubentür. Als hinter ihr Geräusch entsteht, nimmt er Reißaus und versteckt sich hinter dem Ofen.*

FRAU KÄTHE *kommt aus der Schlafstube, sieht die Pakete, den*

Mantel, die Mütze. Ja, lieber Gott! das sind doch... das ist doch... das sind doch Papachens Sachen.

VOCKERAT *stürzt wie ein Wirbelwind hinter seinem Ofen hervor, lachend und weinend zugleich, alles nur so hervorsprudelnd. Er umarmt und küßt Käthe wiederholt.* Tochter! Herzenskäthe! *Kuß.* Wie geht's euch? Was macht ihr? Seid ihr alle gesund und munter? *Kuß.* Nein, ihr könnt euch nicht denken... *Er gibt Käthe frei.* Ihr könnt euch nicht denken, wie ich mich gefreut hab' auf den Tag. *Fast in einem Lachen.* Was macht der Prinz, ha ha ha? Wie befindet sich Seine Hoheit, ha ha? Seine Hoheit Prinz Schnudi, ha ha ha ha? Ach, ich danke dem lieben Gott, daß ich nun wieder endlich hier bin. *Ein wenig erschöpft.* Weißt du, — *nimmt die Brille ab und reinigt die Gläser* — es is auf die Dauer doch nichts mit dem Alleinsein. — Ha ha! Es lebt der Mensch nicht gern allein, es müssen immer zwei sein, ha ha ha ha! — Tja, tja, so geht's! — und dann gab's auch viel Arbeit, weißt du — mit dem Dungfahren. Der Dünger, ha ha ha! der is Gold für den Landwirt. Pastor Pfeiffer besuchte mich neulich, der hielt sich drüber auf, daß wir die Dunggrube so nah beim Hause haben. *Lacht.* Ich hab' ihm aber gesagt: lieber Pastor, sag' ich, das is unsre Goldgrube, ha ha ha ha! Na, wo steckt nun meine alte, treue Hausehre — und mein Hannes? *Betrachtet Käthe genauer.* Ich weiß nicht, macht's die Lampe? Du scheinst mir immer noch nicht so ganz wie früher, Käthchen!

FRAU KÄTHE, *ihre Bewegung schwer verbergend.* Ach — Papachen! ich fühl' mich ganz... *Fällt ihm um den Hals.* Ich freu' mich so, daß du gekommen bist.

VOCKERAT. Ich hab' dich wohl... ich hab' dich wohl'n bißchen erschreckt, Käthe?

Frau Vockerat erscheint in der Flurtüre.

VOCKERAT, *aufs neue außer sich.* Kuckuck, ha ha ha ha! Da kommt sie an. *Er und seine Frau fliegen einander stumm in die Arme. Weinen und Lachen.*

FRAU KÄTHE *ab, von Rührung überwältigt.*

VOCKERAT, *nach der Umarmung seiner Frau den Rücken klopfend.* So, so! altes, treues Herz. — Das war unsre längste Trennung. — Nun fehlt bloß noch Johannes.

FRAU VOCKERAT, *nach kurzem Zögern.* Auch der Besuch ist noch da.

VOCKERAT. Ein Besuch? So!

FRAU VOCKERAT. Ja, das Fräulein!

VOCKERAT. So! — Welches Fräulein?

FRAU VOCKERAT. Du weißt ja! Fräulein Mahr.

VOCKERAT. Ich denke, die is abgereist. Übrigens, hier gibt's
Eßware. *Er beschäftigt sich mit seinen Paketen.* Hier hab'
ich Butter mitgebracht. Mit Eiern hab' ich's diesmal ge-
lassen. Ich denk' noch mit Schrecken ans letzte Mal. Hier!
— für Hannes — selbstfabrizierter Käse. Das muß alles
bald in den Keller. Hier, ein Schinken. Ich sag' dir, Marthchen, was Delikates! wie Lachs. — Aber du sagst ja gar
nichts. Du bist doch gesund?

FRAU VOCKERAT. Ja, Papa. — Aber — ich weiß nicht — ich
hab' etwas auf dem Herzen. Ich wollte dir's eigentlich nicht
sagen — aber — ich... Du bist mein treuster Lebensge-
fährte. Ich kann's allein nicht mehr tragen. — Unser Sohn...
unser Johannes — war nahe daran...

VOCKERAT *stutzt, wird ängstlich.* Was, Hannes, unser Hannes?
Was? Ja was denn?

FRAU VOCKERAT. Aber reg dich nicht auf. Mit Gottes Hilfe
ist ja alles nun glücklich beigelegt. Das Fräulein geht ja
nun wenigstens bald aus dem Hause.

VOCKERAT, *tief erschüttert.* Martha!! Das kann nicht wahr
sein!

FRAU VOCKERAT. Ich weiß ja auch nicht — wie weit sie ge-
gangen sind — nur... Es war eine schreckliche Zeit für mich.

VOCKERAT. Die Hand hätt' ich mir abhauen lassen, Martha,
ohne Bedenken. — Mein Sohn — Martha! mein Sohn —
pflicht- und ehrvergessen?!

FRAU VOCKERAT. Ach, Männchen, du mußt es erst sehn, du
mußt's erst selbst untersuchen. Ich weiß ja nicht...

VOCKERAT *geht umher, bleich, murmelnd.* Dein Wille geschehe!
Dein Wille geschehe!

FRAU VOCKERAT *weint still.*

VOCKERAT *bleibt vor ihr stehen, dumpf.* Martha, — irgendwo
muß die Schuld stecken. — Laß uns nachsinnen.

FRAU VOCKERAT. Wir haben es stillschweigend geduldet.
Mehr und mehr sind die Kinder von Gott und dem rechten
Weg abgekommen.

VOCKERAT. Da hast du recht. Das ist es auch. Dafür werden
wir nun gestraft. *Beide Hände seiner Frau ergreifend.* Aber
laß uns Gott bitten — in tiefer Demut — Tag und Nacht.
Laß uns Gott bitten, Martha.

FÜNFTER AKT

*Die neuen Vorgänge schließen sich fast unmittelbar an die des
vierten Aktes an. Das Zimmer ist leer. Die brennende Lampe
steht noch auf dem Tisch.*

JOHANNES *kommt hastig und voll Zorn durch die Flurtür.*
Mutter! *Öffnet die Schlafstubentür.* Mutter!!

FRAU VOCKERAT *kommt aus der Schlafstube.* Na, was gibt's
denn, Junge? Was machste denn solchen Lärm! Du weckst
ja Philippchen auf.

JOHANNES. Mutter! ich möchte wissen, wer dir ein Recht
gibt — Gäste aus meinem Hause hinauszuweisen.

FRAU VOCKERAT. Nee, Junge... Das is mir nicht eingefallen.
Ich hab' keinen Menschen hinausgewiesen.

JOHANNES *geht zornig umher.* Mutter, du lügst!!

FRAU VOCKERAT. Das magst du deiner Mutter ins Gesicht
sagen, Hannes?!

JOHANNES. Ich muß es dir sagen, denn es ist so. Fräulein
Anna ist im Begriff zu gehen, und...

FRAU VOCKERAT. Hat sie gesagt, daß ich ihr das Haus ver-
boten hätte?

JOHANNES. Das braucht sie mir nicht zu sagen. Das weiß ich.

FRAU VOCKERAT. Wie willst du denn das wissen, Junge?

JOHANNES. Sie geht. So lange habt ihr gebohrt und gebohrt.
Aber ich sage dir: ich lege mich vor die Tür. Ich nehme den
Revolver — *er nimmt einen aus dem Bücherschrank* — hier!
halte ihn mir vor den Kopf. Und wenn sie geht, dann
drücke ich los, so wahr wie ich lebe!

FRAU VOCKERAT, *erschreckt und geängstet, will ihm in den
Arm fallen.* Hannes!... willst du wohl! Willst du wohl das
lassen!

JOHANNES. Ich gebe dir mein Wort...

FRAU VOCKERAT *ruft.* Papachen, Papachen! so komm doch!
Wie leicht kann's losgehen und... Papachen! bring doch
den Jungen zur Vernunft.

Der alte Vockerat tritt aus dem Schlafzimmer.

JOHANNES. Vater! *Plötzlich ernüchtert, läßt den Revolver
sinken.*

VOCKERAT. Ja, ich... ich bin's — und so... so muß ich dich
wiedertreffen.

JOHANNES. Was soll das bedeuten, Mutter?

VOCKERAT, *auf ihn zu, ernst und feierlich*. Daß du dich besinnen sollst, Sohn — das soll es bedeuten.

JOHANNES. Was führt dich denn zu uns?

VOCKERAT. Gottes Wille, tja! Der Wille Gottes führt mich zu euch.

JOHANNES. Hat Mutter dich gerufen?

VOCKERAT. Ja, Hannes!

JOHANNES. Aus welchem Grunde?

VOCKERAT. Um dir als Freund beizustehen, tja!

JOHANNES. Inwiefern brauche ich Beistand?

VOCKERAT. Insofern du schwach bist, Hannes! Ein schwacher Mensch, wie wir alle, tja!

JOHANNES. Und wenn ich nun schwach bin, womit willst du mir helfen?

VOCKERAT *kommt ihm nahe, faßt seine Hand*. Ich will dir sagen, wie lieb wir dich alle haben, tja! Und dann wollt' ich dir noch sagen, daß Gott Freude hat über einen Sünder, tja! über einen Sünder, der Buße tut.

JOHANNES. Ein Sünder bin ich also?

VOCKERAT, *immer mit Milde*. Ein großer Sünder, tja — vor Gott.

JOHANNES. Wieso habe ich gesündigt?

VOCKERAT. Wer ein Weib ansieht, um ihrer zu begehren, sagt Christus, tja! — Und du hast mehr getan, tja, tja!

JOHANNES *macht eine Gebärde, als ob er sich die Ohren zuhalten wolle*. Vater...

VOCKERAT. Verschließ dich nicht, Hannes! Gib mir die Hand, der Sünder dem Sünder, und nimm mich an. Nimm mich zum Mitstreiter an.

JOHANNES. Ich muß dir sagen, Vater: ich stehe auf einem andern Boden als du.

VOCKERAT. Du stehst auf einem abschüssigen Boden.

JOHANNES. Wie kannst du das sagen, Vater! Du kennst ja den Boden nicht, auf dem ich stehe. Meinen Weg kennst du ja nicht.

VOCKERAT. O ja! Es war der breite Weg ins Verderben. Ich habe dich wohl beobachtet im stillen, tja! und außer mir ein Höherer: Gott. Und weil ich das wußte, habe ich versäumt, meine Pflicht zu tun, tja! Heut aber komme ich zu dir in seinem Namen und sage dir: Kehre um! Du stehst vor einem Abgrund.

JOHANNES. Ich muß dir sagen, Vater!... Deine Worte sind

gut und treu gemeint, aber — sie finden in mir keinen Widerhall. Deine Abgründe fürchte ich nicht. Aber es gibt andre Abgründe, und daß ihr mich dort nicht hinuntertreibt — davor nehmt euch in acht.

VOCKERAT. Nein, Hannes!... nein...

JOHANNES. Es ist nicht wahr, daß, wer ein Weib ansieht, ihrer zu begehren, die Ehe bricht! Ich habe gekämpft und gekämpft...

VOCKERAT. Nein, Hannes! Nein. Ich habe dir oft geraten, und du bist gut dabei gefahren. Ich sage dir heut, belüge dich nicht, mach ein Ende. Denk an deine Frau, an dein Philippchen, und auch an deine alten Eltern denke ein wenig. Häufe nicht...

JOHANNES. Soll ich nicht auch an mich selbst denken, Vater?

VOCKERAT. Dir wird frei und leicht sein nach dem Entschluß.

JOHANNES. Und wenn's nicht so ist?

VOCKERAT. Verlaß dich auf mich, es wird so sein.

JOHANNES. Und wenn... und Fräulein Anna?

VOCKERAT. Die Weltkinder, Hannes, überwinden leicht.

JOHANNES. Und wenn sie nun nicht leicht überwindet?

VOCKERAT. Dann ist es nicht Gottes Wille gewesen.

JOHANNES. Nun, Vater — ich bin anderer Ansicht. Wir verstehen uns nicht. Wir werden uns in dieser Angelegenheit wohl überhaupt niemals verstehen.

VOCKERAT, *immer noch nach Möglichkeit gütig.* Es ist... es ist hier gar nicht von Verstehen die Rede. Du verkennst das Verhältnis, tja, tja! Das Verhältnis ist ein ganz andres. Du hast es auch früher sehr wohl gewußt. Darauf kommt es nicht an. Auf das Einigen kommt es nicht an.

JOHANNES. Sei mir nicht böse, Vater, aber worauf denn?

VOCKERAT. Auf den Gehorsam, mein' ich, kommt es an, tja!

JOHANNES. Du meinst: ich sollte alles tun, was du willst, auch wenn's mir nicht recht erscheint?

VOCKERAT. Ich werde dir nichts Unrechtes raten, tja! Es tut mir leid, dir's sagen zu müssen... Dir so etwas erst vorhalten zu müssen, tja! Wir haben dich großgezogen, nicht ohne Sorgen und schlaflose Nächte. Wir haben dich gepflegt und kein Opfer gescheut, als du krank warst, und du bist viel krank gewesen in deiner Jugend, Hannes! tja! Wir haben alles gern und mit Freuden getan.

JOHANNES. Ja, Vater! und dafür bin ich euch dankbar.

VOCKERAT. Das sagt man, und man sagt ein Wort. Taten,

Taten will ich sehen. Ein frommer, ein reiner, ein gehorsamer Mensch sein, tja: das ist die rechte Dankbarkeit.

JOHANNES. Du meinst also, ich sei undankbar; ich lohne der Mühe nicht?

VOCKERAT. Weißt du noch, wie du als Kind immer gebetet hast — im Bettchen, tja! — abends und morgens?

JOHANNES. Was denn, Vater?

VOCKERAT. »Ach lieber Gott, ich bitte dich, ein frommes Kind laß werden mich. Sollt' ich aber das nicht werden...«

JOHANNES. »... so nimm mich lieber von der Erden.« Du meinst also, es wäre besser gewesen, ihr hättet mich begraben?

VOCKERAT. Wenn du fortfährst, den abschüssigen Weg zu wandeln, wenn... tja! — wenn dein Herz starr bleibt...

JOHANNES. Ich meine fast auch, es wäre besser gewesen. *Kleine Pause.*

VOCKERAT. Komm zu dir selber, Sohn. Denk derer, Hannes, tja! die dich ermahnt haben, denk an Pastor Pfeiffer, deinen frommen Lehrer und Seelsorger. Vergegenwärtige dir...

JOHANNES, *außer sich*. Vater! laß mich mit meinen Lehrern in Ruh', wenn ich nicht lachen soll. Erinnere mich nicht an diese Gesellschaft von Schafsköpfen, die mir das Mark aus den Knochen erzogen haben.

FRAU VOCKERAT. Oh, himmlischer Vater!

VOCKERAT. Still, Marthchen! Still! *Zu Johannes.* Das haben deine Lehrer und wir nicht verdient.

JOHANNES, *schreiend*. Gebrochen haben sie mich.

VOCKERAT. Du frevelst, Hannes!

JOHANNES. Ich weiß, was ich sage: gebrochen habt ihr mich.

VOCKERAT. Lohnst du so unsere Liebe?

JOHANNES. Eure Liebe hat mich gebrochen.

VOCKERAT. Ich kenne dich nicht mehr wieder. Ich verstehe dich nicht mehr.

JOHANNES. Das glaub' ich selbst, Vater. Ihr habt mich nie verstanden und werdet mich nie verstehen. *Kleine Pause.*

VOCKERAT. Nun gut, Hannes! Ich bin zu Ende. Ich ahnte nicht, daß es schon so weit gekommen war. Ich hatte Hoffnung, aber meine Mittel versagen. Hier kann nur Gott noch helfen. Komm, alte Martha! wir haben nun nichts mehr zu suchen hier, tja! Wir wollen uns irgendwo verstecken und warten, bis der liebe Gott uns abruft. *Er wendet sich aufs neue zu Johannes.* Aber Hannes! Eins muß

→ Herr V. gives up on J.

ich dir noch sagen: Halt deine Hände — hörst du! frei von
Blut. Lade nicht dies noch auf dich! — Hast du dir Käthe
mal recht betrachtet? Weißt du, daß wir für ihr Gemüt
fürchten? Hast du dir das arme, liebe Wesen mal recht
angeschaut, tja? Ist dir denn schon mal klargeworden, was
ihr aus ihr gemacht habt? Laß dir mal erzählen von Mutter, wie sie die Nacht über deinen Bildern geweint und
geschluchzt hat. Also noch einmal, Hannes! laß kein Blut
an deine Hände kommen. Und nun sind wir fertig, tja!
Komm, Marthchen, komm!

JOHANNES, *nach kurzem Kampf.* Vater!! Mutter!!

FRAU VOCKERAT *und* VOCKERAT *wenden sich. Johannes fliegt
in ihre Arme.* Johannes! *Pause.*

JOHANNES, *mit leiser Stimme.* Nun sagt, was ich tun soll?

VOCKERAT. Halte sie nicht. Laß sie ziehen, Hannes.

JOHANNES. Ich verspreche dir's. *Er ist erschöpft und muß
sich auf einen Stuhl niederlassen. Frau Vockerat eilt freudig
bewegt ins Schlafzimmer.*

VOCKERAT *streichelt den Dasitzenden, küßt ihn auf die Stirn.*
Und nun — Gott gebe dir Kraft, tja! *Ab ins Schlafzimmer.
Johannes sitzt einen Augenblick still; dann schrickt er zusammen, wird unruhig, erhebt sich, späht in die Finsternis
vom Fenster aus, öffnet die Flurtür.*

JOHANNES. Ist jemand hier?

FRÄULEIN ANNA. Ich bin's, Herr Johannes! *Sie kommt herein.*

JOHANNES. Wollten Sie fort ohne Abschied? *Er geht umher.*

FRÄULEIN ANNA. Ich war wirklich unschlüssig einen Moment
lang. Aber nun ist's ja gut so.

JOHANNES. Ich bin in einer furchtbaren Lage. Mein Vater ist
hier. Ich hab' ihn nie so gesehen. Der frohe und heitre
Mensch. Ich kann mich dem Eindruck nicht mehr ent-
ziehen. Und auf der andern Seite soll ich zusehen, wie Sie
von uns fortgehn, Fräulein, und...

FRÄULEIN ANNA. Sehen Sie, Herr Doktor, ich hätte ja so-
wieso gehen müssen.

JOHANNES. Aber Sie sollen nicht gehn! Sie dürfen nicht fortgehn. Am allerwenigsten jetzt, jetzt in diesem Augenblick.
*Hat sich hingesetzt, stützt die Stirn in die Hand; tiefes Stöh-
nen entringt sich seiner Brust.*

FRÄULEIN ANNA, *mit einer bewegten, kaum hörbaren Stimme.*
Herr Doktor! *Legt ihre Hand leise auf sein Haar.*

JOHANNES *richtet sich auf, seufzt.* Ach, Fräulein Anna!

FRÄULEIN ANNA. Denken Sie doch daran — was wir gesprochen haben — noch vor kaum einer Stunde. — Wollen wir nicht aus der Not eine Tugend machen?

JOHANNES *erhebt sich, geht heftig umher.* Ich weiß nicht, was wir gesprochen haben. Mein Kopf ist leer und wüst und gepeinigt. Ich weiß auch nicht, was ich mit meinem Vater geredet habe. Ich weiß nichts. Leer und wüst ist mein Kopf.

FRÄULEIN ANNA. Ach, es wäre wohl schön, Herr Johannes, wenn unsre letzten Minuten klare Minuten wären.

JOHANNES, *nach kurzem Ringen.* Helfen Sie mir, Fräulein Anna! Nichts Hohes, nichts Stolzes ist mehr in mir. Ich bin ein anderer geworden. Nicht einmal der bin ich in diesem Augenblick, der ich war, eh Sie zu uns kamen. Ich habe nur noch Ekel in mir und Lebenswiderwillen. Mir ist alles entwertet, beschmutzt, besudelt, entheiligt, in den Kot gezogen. Aber ich fühle, daß ich etwas war, durch Sie, Ihre Gegenwart, Ihre Worte — und wenn ich das nicht wieder sein kann, dann — dann kann mir auch alles andre nichts mehr nutzen. Dann mach' ich einen Strich unter die Rechnung und — schließe — ab. *Er geht umher, bleibt vor Anna stehen.* Geben Sie mir einen Anhalt. Geben Sie mir etwas, woran ich mich aufrichten kann. Einen Anhalt. Ich breche zusammen. Eine Stütze. Alles in mir bricht zusammen, Fräulein.

FRÄULEIN ANNA. Herr Doktor! Es tut mir sehr weh, Sie so zu sehn. Ich weiß kaum, womit ich Sie stützen soll. Aber an eins sollten Sie sich erinnern. Wir haben es vorausgesehn. Ein Tag früher, ein Tag später, wir mußten auf alles gefaßt sein, Herr Doktor!

JOHANNES *steht still, sinnt nach.*

FRÄULEIN ANNA. Nun? Erinnern Sie sich jetzt? Wollen wir den Versuch machen damit? Sie wissen schon, womit. — Wollen wir uns ein Gesetz geben — und danach handeln? Wir beide allein, — unser ganzes Leben lang, wenn wir uns auch nie wiedersehn — nach dem einen, eignen Gesetz? Wollen wir? Es gibt sonst nichts, was uns verbinden kann. Wir dürfen uns nicht täuschen darüber. Alles andre trennt uns. Wollen wir? Wollen Sie einschlagen?

JOHANNES. Ich fühle wohl, — daß mich das halten könnte. Ich könnte auch arbeiten, ohne Hoffnung, das Ziel zu erreichen. Aber wer bürgt mir? Wo nehme ich den Glauben her? Wer sagt mir, ob ich mich nicht abquäle für ein Nichts?

FRÄULEIN ANNA. Wenn wir wollen, Herr Johannes, wozu brauchen wir Glauben und Garantien?

JOHANNES. Aber wenn mein Wille nicht stark ist?

FRÄULEIN ANNA, *ganz leise.* Wenn der meine schwach wird, will ich an den denken, der unter demselben Gesetz steht. Und ich weiß gewiß, das wird mich aufrichten. — Ich werde an Sie denken, Herr Johannes!

JOHANNES. Fräulein Anna! — — Nun gut, ich will! ich will! — Die Ahnung eines neuen, freien Zustandes, einer fernen Glückseligkeit gleichsam, die in uns gewesen ist — die wollen wir bewahren. Was wir einmal gefühlt haben, die Möglichkeit, die wir gefühlt haben, soll von nun an nicht mehr verlorengehn. Gleichviel, ob sie Zukunft hat oder nicht, sie soll bleiben. Dies Licht soll fortbrennen in mir, und wenn es erlischt, so erlischt mein Leben. *Beide stumm und erschüttert.* Ich danke Ihnen, Fräulein Anna!

FRÄULEIN ANNA. Leben Sie wohl, Johannes!

JOHANNES. Wohin reisen Sie nun?

FRÄULEIN ANNA. Vielleicht nach Norden — vielleicht nach Süden.

JOHANNES. Wollen Sie mir nicht sagen, wohin?

FRÄULEIN ANNA. — Aber ist's nicht besser, Sie fragen mich nicht danach?

JOHANNES. Aber wollen wir uns nicht hie und da... nur ein paar Worte... nur kurze Nachrichten vielleicht... was wir treiben, wo wir uns aufhalten...

FRÄULEIN ANNA *schüttelt den Kopf, traurig lächelnd.* Dürften wir das? Ist es nicht die größte Gefahr, daß wir an uns selbst scheitern? Und wenn wir scheitern — dann sind wir auch noch betrogen.

JOHANNES. Nun gut — ich trage die Last. Ich halte sie fest — und wenn sie mich zerdrückt. *Hat Annas Hand gefaßt.* — Leben Sie wohl.

FRÄULEIN ANNA, *mit Überwindung, bleich und rot werdend, zuweilen verlegen, immer tief bewegt.* Johannes! noch eins: — dieser Ring — ist einer toten Frau vom Finger gezogen, die — ihrem — Mann... die ihrem Mann nach Sibirien gefolgt ist. Die treu mit ihm ausgehalten hat — bis ans Ende. *Leis humoristisch.* Unser Fall ist umgekehrt.

JOHANNES. Fräulein Anna! *Er führt ihre Hand an seinen Mund und hält sie dort fest.*

FRÄULEIN ANNA. Ich habe nie andern Schmuck getragen.

Wenn man schwach wird, muß man an seine Geschichte
denken. Und wenn Sie ihn ansehen — in Stunden der
Schwäche — dann — denken Sie dabei auch — an die — die
fern von Ihnen — einsam wie Sie — denselben heimlichen
Kampf kämpft. — Leben Sie wohl!

JOHANNES, *außer sich*. Niemals, niemals sollen wir uns
wiedersehn!

FRÄULEIN ANNA. Wenn wir uns wiedersehn, haben wir uns
verloren.

JOHANNES. Aber wenn ich es nur ertragen werde!

FRÄULEIN ANNA. Was uns nicht niederwirft, das macht uns
stärker. *Sie will gehen.*

JOHANNES. Anna! Schwester.

FRÄULEIN ANNA, *immer unter Tränen*. Bruder Johannes.

JOHANNES. Soll ein Bruder — seine Schwester nicht küssen
dürfen — bevor sie sich trennen, auf ewig?

FRÄULEIN ANNA. Hannes, nein.

JOHANNES. Ja, Anna! ja, ja! *Er umschlingt sie, und beider
Lippen finden sich in einem einzigen, langen, inbrünstigen
Kusse, dann reißt Anna sich los und verschwindet. Ab über
die Veranda.*

*Johannes steht einen Augenblick wie betäubt, dann geht er
mit großen Schritten umher, fährt sich durch die Haare,
seufzt, seufzt stärker, bleibt stehen, lauscht. Plötzlich kommt
ein Rauschen fernher. Der ankommende Eisenbahnzug, der
durch den Wald rast. Johannes öffnet die Verandatür und
horcht hinaus. Das Rauschen wird stärker und verstummt
dann. Das Läuten der Bahnhofsglocke wird vernehmlich.
Sie läutet ein zweites Mal — ein drittes Mal. Ein Pfiff gellt.
Johannes will in sein Zimmer, unterwegs bricht er auf einem
Stuhl zusammen. Sein Körper windet sich vor Weinen und
Schluchzen. Auf der Veranda liegt blasses Mondlicht. — Im
anstoßenden Zimmer entsteht Geräusch. Es wird laut gesprochen. Johannes springt auf, nimmt die Richtung auf sein
Zimmer, bleibt stehn, überlegt einen Augenblick und eilt so
schnell als möglich über die Veranda ab. Der alte Vockerat
kommt aus dem Schlafzimmer, Frau Vockerat folgt ihm.
Beide gehen in der Richtung nach der Flurtür.*

VOCKERAT *bleibt stehen*. Hannes! — Es kam mir doch vor, tja!
als wenn jemand hier gewesen wäre.

FRAU VOCKERAT, *schon an der Flurtür*. Es ging jemand die
Treppe hinauf.

VOCKERAT. Ja, ja! der Junge braucht Ruhe. Wir wollen ihn nicht stören. Höchstens Braun könnten wir ihm nauf-schicken.

FRAU VOCKERAT. Ja, ja, Papachen! Ich lass' ihn holen. — Oder geh' ich am Ende doch mal nauf, Papachen?

VOCKERAT *begibt sich nach der Verandatür.* Besser nicht, Marthchen. *Er öffnet die Tür, lauscht.* Schöner, klarer Mondschein. Horch mal!

FRAU VOCKERAT *kommt eilig von der Flurtür her.* Was ist denn?

VOCKERAT. Wilde Gänse — siehst du! dort! überm See. Die Punkte, die durch den Mond fliegen.

FRAU VOCKERAT. I du, meine Augen, die sind nicht mehr so jung. *Sie begibt sich nach der Flurtür zurück.*

VOCKERAT. Horch mal!

FRAU VOCKERAT. Was denn? *Sie bleibt stehen.*

VOCKERAT. Pst, Marthchen!

FRAU VOCKERAT. Was denn, Papachen?

VOCKERAT *schließt die Tür, folgt seiner Frau nach.* 's is nichts! 's war mir nur so, als wenn jemand unten gepoltert hätte — mit den Rudern, Marthchen!

FRAU VOCKERAT. Wer soll denn poltern? *Beide ab durch die Flurtür.*

Es blickt jemand von der Veranda durchs Fenster herein. Es ist Johannes. Gleich darauf kommt er vorsichtig näher. Er sieht verändert aus, totenblaß, atmet mit offenem Munde. Hastig und voll Angst, ertappt zu werden, blickt er umher, sucht Schreibzeug und schreibt ein paar Worte, springt auf, wirft die Feder weg, stürzt davon, als Geräusch entsteht. Ab über die Veranda.

Herr und Frau Vockerat kommen zurück, zwischen sich Frau Käthe.

FRAU VOCKERAT. Aber sag mir nur! Im Stockfinstern sitzt du?!

FRAU KÄTHE, *die Hand vor den Augen.* Es blendet so.

FRAU VOCKERAT. Nein aber auch! So ein böses, böses Weibel. Im Stockfinstern, wer weiß wie lange.

FRAU KÄTHE, *leicht mißtrauisch.* Weshalb...? Warum seid ihr denn so lieb mit mir?

VOCKERAT. Weil du unsre einzige, liebe Herzenstochter bist. *Er küßt sie.*

FRAU KÄTHE, *schwach lächelnd.* Ja, ja! Ihr habt Mitleid.

FRAU VOCKERAT. Dir is doch nicht weiter was, Käthel?

VOCKERAT. Laß gut sein. Nu wird alles wieder ins Geleis kommen. Das Schlimmste is nu Gott sei Dank vorüber.

FRAU KÄTHE, *am Tisch sitzend, nach einer kleinen Pause.* Mir ist, Mutti... Es blendet immer noch! — wie jemand, der was ganz Unsinniges unternommen hat — und der nun zur Einsicht kommt.

FRAU VOCKERAT. Wie meinst du denn das?

FRAU KÄTHE. Ist Anna fort, Mutti?

VOCKERAT. Ja, Käthe! Und nun... nun mußt du auch wieder froh und glücklich werden.

FRAU KÄTHE *schweigt.*

FRAU VOCKERAT. Hast du Johannes nicht mehr lieb, Käthe?

FRAU KÄTHE, *nach kurzem Besinnen.* Übrigens, ich bin doch gut durchs Leben gekommen. Die Fanny Stenzel, die hat einen Pastor geheiratet. Aber wenn sie auch noch so zufrieden und glücklich ist, glaubst du, daß ich mit ihr tauschen möchte? Nein wirklich nicht. — Es riecht nach Rauch hier, nicht?

FRAU VOCKERAT. Nein, Kindchen, ich rieche nichts.

FRAU KÄTHE *ringt wehklagend die Hände.* Ach Gott! es ist alles aus, es ist alles aus.

VOCKERAT. Käthchen, Käthchen! Wer wird nur so kleingläubig sein! Ich habe meinen Glauben wieder und meine feste Zuversicht. Der liebe Gott hat seltsame Mittel und Wege, verirrte Seelen zurückzuführen. Ich glaube, Käthchen, ich habe seinen Ratschluß durchschaut.

FRAU KÄTHE. Siehst du, Mutterchen, mein erstes Gefühl, das ich damals hatte, als Hannes zu mir kam und mich holen wollte — das war doch ganz richtig. Ich weiß, den ganzen Tag drumselte mir's im Kopf rum: was soll denn nur ein so geistreicher und gelehrter Mann mit dir anfangen? Was kann er denn an dir haben? Siehst du, das war ganz richtig gedacht.

FRAU VOCKERAT. Nein, Käthchen, nicht er steht groß da vor dir, sondern du stehst groß da vor ihm. Zu dir muß er aufschauen, das ist die Wahrheit.

VOCKERAT, *mit zitternder Stimme.* Aber deshalb... es ist so, wie Martha sagt, tja! aber deshalb — wenn du verzeihen kannst... wenn du seine große Sünde verzeihen kannst...

FRAU KÄTHE. Ach, wenn es was zu verzeihen gäbe! Man verzeiht einmal — hundertmal — tausendmal. — Aber Hannes...

Hannes wirft sich nicht weg. Ich ärmliches Wesen habe Hannes nichts zu verzeihn. Hier heißt es einfach: Du bist d a s — und nicht d a s. Ich weiß nun einfach, was ich bin und was ich nicht bin.

Man hört draußen wiederholt Holopp *rufen.*

FRAU VOCKERAT. Käthel! Ich will dir mal'n Vorschlag machen. Hörst du! Komm! Ich bring' dich zu Bett und les' dir was vor. Grimms Märchen, bis du einschläfst. Und morgen früh, wenn's Tag wird, da koch' ich dir ein Pepton-süppchen und ein weiches Ei, und dann stehst du auf, und dann gehn wir in den Garten, und da scheint die liebe Sonne recht schön, und da wirst du alles ganz anders ansehn wie heut abend. Komm, komm!

BRAUN *kommt über die Veranda herein.* Guten Abend!

VOCKERAT. Guten Abend, Herr Braun!

BRAUN. Guten Abend, Herr Vockerat! *Reicht ihm die Hand.* Ist Johannes hier?

VOCKERAT. Ich denke, oben.

BRAUN. So! — das heißt, gewiß?

VOCKERAT. Na, ich glaube doch. Nicht, Marthchen? Weshalb denn?

BRAUN. Ich will doch mal nachsehen. *Schnell ab durch die Flurtür.*

FRAU VOCKERAT, *mit leiser Unruhe.* Was hat denn Braun?

FRAU KÄTHE, *ängstlich erregt.* Wo is denn Hannes?

FRAU VOCKERAT. Nur nicht ängstlich, Käthel! Wo wird er denn groß sein!

FRAU KÄTHE, *mit rapid steigender Angst.* Ja, wo ist er denn hin?

VOCKERAT. Nun oben — oben — natürlicherweise doch wohl! *Braun kommt zurück. Moment starker Spannung. Pause.* Nun, Herr Braun? — — —

BRAUN. Nein, Herr Vockerat! oben ist er nicht und... und...

VOCKERAT. Tja, tja! Ja, was haben Sie denn nur bloß?

BRAUN. Nichts, nichts!

FRAU KÄTHE, *auf Braun zufliegend.* Ja, Sie haben etwas!

BRAUN. Nein, nein! wirklich nicht. Es ist wirklich kein Grund zur Angst — nur — ich habe so ein Gefühl — als ob man um alles in der Welt Hannes jetzt nicht allein lassen dürfte. Und als ich nun vorhin... ach, es ist ja wahrscheinlich wirklich Unsinn.

FRAU VOCKERAT. Ja, was is denn, so reden Sie doch!

VOCKERAT. Aber so reden Sie doch, verlieren Sie keine Zeit.

BRAUN. Nun, ganz einfach. Als ich vorhin das Gartentürchen aufschloß, — da hört' ich, daß jemand einen Kahn loskettete, und wie ich näher kam, fuhr wirklich jemand hinaus. Jemand — ich weiß nicht, wer — ein Mann, — und da fuhr mir's durch den Kopf — aber es gab keine Antwort. Und Hannes hätte doch Antwort gegeben.

FRAU KÄTHE, *wie von Sinnen.* Johannes! Es war Johannes. Laufen Sie! Rennen Sie, um Gottes willen, so schnell Sie können. Mutter! Vater! Ihr habt ihn zum Äußersten getrieben. Warum habt ihr das getan?...

FRAU VOCKERAT. Aber Käthe!

FRAU KÄTHE. Ich fühl's ja doch! Er kann ja nicht mehr leben. Ich will ja alles gern tun. Nur das nicht! Nur das nicht!

VOCKERAT *ist in den Garten geeilt, ruft in Pausen.* Hannes! Johannes!

FRAU VOCKERAT *eilt ab auf den Flur, ruft durch das Haus.* Hannes! Hannes!

FRAU KÄTHE, *zu Braun.* Ein Mensch? Haben Sie gerufen? Hat er nicht geantwortet? Laufen Sie, laufen Sie! *Braun ab. Frau Käthe ruft ihm nach.* Ich komme nach. *Ringt die Hände.* Ach großer Gott! Großer Gott! Wenn er nur noch lebt! Wenn er mich nur noch hören kann!

Man hört Braun über den See rufen. Holopp! Holopp!

FRAU KÄTHE *ruft durch die Flurtür.* Alma! Minna! Laternen in den Garten! Schnell, Laternen! Will davonhasten über die Veranda, bemerkt den Zettel, steht kerzengerade, geht steif und bebend darauf zu, nimmt ihn auf, starrt einige Augenblicke wie gelähmt darauf hin und bricht zusammen. Draußen noch immer das Rufen.*

Hans Schwab-Felisch

Gerhart Hauptmann Die Weber

Vollständiger Text des Schauspiels
Dokumentation

Ullstein Buch 22901

Gerhart Hauptmann: »Die Weber« (vollständiger Text) · Hans Schwab-Felisch: »Die Weber« – ein Spiegel des 19. Jahrhunderts · Dokumente und Berichte über den Weberaufstand von 1844 · Berichte zur Entstehungsgeschichte der »Weber« · Berichte, Kritiken, Dokumente über die Erstaufführung · Zeittafel · Quellen- und Literaturverzeichnis

Ullstein

Hans Mayer

Georg Büchner
Woyzeck

Ullstein Buch 23159

Hans Mayer: Georg
Büchners »Woyzeck« –
Wirklichkeit und Dichtung ·
Georg Büchners:
»Woyzeck«; Paralipomena
zum »Woyzeck«
(vollständiger Abdruck) ·
Dokumente zum Prozeß
gegen Johann Christian
Woyzeck · Rezensionen ·
Alban Berg: Das
Opernproblem · Zeittafel ·
Bibliographische Hinweise.

Ullstein